第三辑

2020

建设管理研究

Construction Management Research

《建设管理研究》编委会 主编

重庆大学出版社

图书在版编目(CIP)数据

建设管理研究. 第三辑 /《建设管理研究》编委会主编. -- 重庆 : 重庆大学出版社, 2020.8

ISBN 978-7-5689-2381-1

Ⅰ. ①建… Ⅱ. ①建… Ⅲ. ①工程项目管理—研究 Ⅳ. ①F284

中国版本图书馆 CIP 数据核字(2020)第 141821 号

建设管理研究(第三辑)

JIANSHE GUANLI YANJIU

《建设管理研究》编委会 主 编

策划编辑:林青山 陈 力

责任编辑:陈 力 版式设计:林青山

责任校对:谢 芳 责任印制:赵 晟

*

重庆大学出版社出版发行

出版人:饶帮华

社址:重庆市沙坪坝区大学城西路 21 号

邮编:401331

电话:(023) 88617190 88617185(中小学)

传真:(023) 88617186 88617166

网址:http://www.cqup.com.cn

邮箱:fxk@ cqup.com.cn (营销中心)

全国新华书店经销

印刷:重庆共创印务有限公司

*

开本:787mm×1092mm 1/16 印张:8.75 字数:158千

2020 年 8 月第 1 版 2020 年 8 月第 1 次印刷

ISBN 978-7-5689-2381-1 定价:40.00 元

编委会

Editorial board

前言

Foreword

我国城市化进程与重大工程建设对拉动内需、增加就业、服务民生、促进经济社会协调发展、推动实施创新驱动发展国家战略都具有重要意义，同时也对建设管理与房地产业的发展创新提出了更大的挑战。面对全球城市建设蓬勃发展的时代，以工程建设领域为范畴的研究备受全球学者关注。由于现代工程不仅涉及重要的科技问题，同时也涉及组织问题、社会问题和经济问题，是需要多学科协同解决的复杂问题。这迫切需要相关的学术平台进行传播，提供相关理论和研究成果供学者和业界专家进行交流、学习。由重庆大学管理科学与房地产学院、中华建设管理研究会组织的《建设管理研究》以崇尚科学、注重创新、关注学术前沿、促进国内外学术交流为目标，为展示全球建设领域的管理、经济、法律等方面的理论研究和实践应用的最新成果的重要载体平台，推动国内外学者在建设、社会和环境等多学科上的合作与协作，提升我国建设管理领域的科学研究水平，引导、鼓励、支持和推动建设管理知识的探索和创新。

《建设管理研究》以展示建设管理领域及相关学科的理论和应用研究成果为主，涵盖领域包括建设项目规划与设计管理、工程(质量、安全、工期、成本、环境、风险)管理、可持续建设、城乡规划、城市建设与管理、国际工程管理、建设工程法律与政策、建筑与房地产合同管理、建筑与房地产人力资源管理、信息技术应用、工程项目采购管理、建筑与房地产财务管理、建筑与房地产企业竞争力和竞争策略、基础设施项目管理、大型和复杂工程项目管理等方面的内容。本次共收录论文 9 篇，其中前沿推荐论文 1 篇，BIM 研究综述论文 1 篇，建筑能源与资源、国际工程、房地产相关论文各 2 篇，区域经济相关研究论文 1 篇。

值本书付梓之际，感谢各方面专家学者满怀热情地参与本书编辑、指导和推广工作，为本书提供难得的智力支持和发展氛围，感谢各位作者分享他们的研究成果，感谢审稿专家对稿件提出的建设性意见，感谢编辑部同仁与重庆大学出版社编辑们，他们的高效工作最终使本书得以和读者见面。

申立银

2020 年 5 月 30 日

目 录

Contents

“一带一路”国家中国建筑业投资环境综合评价体系研究

王艳芬[1],汪　涛[2*],王　蕾[3],于洪忠[3]

(1.中央财经大学 管理科学与工程学院,北京 102206;
2.重庆大学 公共管理学院,重庆 400044;3.中国铁建国际集团有限公司,北京 100855)

摘　要:“一带一路”倡议的实施为我国对外投资的发展带来了重大机遇,尤其是对外基础设施的投资。了解中国建筑业在“一带一路”沿线各国的投资环境是对外承包工程项目成功的关键。据此,本文从政治环境、经济环境、社会环境、技术环境和双边关系5个维度,选取24个指标,采用因子分析法,建立了“一带一路”国家中国建筑业投资环境综合评价体系,对沿线72个国家进行了综合评价,并根据评价结果进行了分级讨论,为中国建筑业“走出去”提供了参考和借鉴。

关键词:“一带一路”;政治环境;经济环境;社会环境;技术环境;双边关系

中图分类号:F426.92　　　　**文献标识码:**A

Research on the Comprehensive Evaluation System of China's Construction Industry Investment Environment in the “Belt and Road” Countries

WANG Yanfen[1], WANG Tao[2*], WANG Lei[3], YU Hongzhong[3]

(1.School of Management Science and Engineering, Central University of Finance and Economics, Beijing 102206; 2.School of Public Administration, Chongqing University, Chongqing 400044; 3.China Railway Construction International Group Co., Ltd., Beijing 100855)

Abstract: The implementation of the “Belt and Road” Initiative has brought significant opportunities for the development of China's foreign investment, especially the investment in external infrastructure. Understanding China's construction industry investment environment in the "Belt and Road" countries is the key to the success of foreign contracted projects. Therefore, this paper selects 24 indicators from five dimensions of political environment, economic environment, social environment, technical environment and bilateral relationship, and adopts factor analysis method to establish a comprehensive evaluation system for investment environment of China's construction industry in the "Belt and Road" countries. A comprehensive evaluation was conducted in 72 countries along the line, and a graded discussion was conducted based on the evaluation results to provide reference for the Chinese construction industry to "go global".

Key words: the "Belt and Road"; Political environment; Economic environment; Social environment; Technical environment; Bilateral relationship

1 引 言

改革开放40多年来,中国对外投资及对外承包工程业务实现了跨越式发展。特别是在2001年,中国加入世界贸易组织后,国家鼓励企业"走出去",大型建筑企业对外承包工程迅速发展。2018年,在美国ENR发布的全球最大的国际工程承包企业前250位中,一共有69家中国内地的企业,这些企业国际营业额占比达到了23.7%。其中,有3家中国工程承包企业进入榜单前10名,分别为中交、中建及中国电力,中国对外工程承包企业的国际影响力和国际竞争力在不断提升[1]。

2015年3月,"一带一路"倡议开始全面推进,倡议的主要内容之一就是包括交通、电信、能源在内的基础设施的互联互通建设,这为中国建筑业海外投资带来了新的机遇。"一带一路"沿线大多为发展中国家,经济发展比较落后,基础设施不完善,对基础设施建设的需求较大,例如大多数东南亚国家电力能源缺乏,电力供应不足,对供电基础设施的需求较大;不少西亚及中东国家经济结构不合理,前期对基础设施的投资不足,导致国内基础设施建设滞后;还有一些中东国家因战乱冲突不断,导致基础设施遭到严重破坏。

然而,中国建筑企业"走出去"的过程并不顺利,由于各国的政治、经济、社会、技术等环境复杂多变,大国干涉、恐怖主义、汇率变动、宗教冲突、文化习俗不同、技术标准差异等都可能影响项目的成本和进度控制,造成项目亏损甚至搁置。且我国国际工程发展起步较晚,对各国投资环境了解不足,建设管理经验匮乏,风险管理意识淡薄,导致我国对外承包工程多以失败告终,难以盈利,甚至巨额亏损。因此深入分析各国的投资环境就显得非常重要。

本文选取了“一带一路”沿线的72个国家,通过建立中国建筑业在各国的投资环境综合评价体系,客观评价了各国的投资环境,为我国建筑企业“走出去”的投资决策提供了科学参考。

2 文献综述

投资环境分析,特别是在发展中国家和转型经济体制框架建设的背景下,引起了研究人员极大的兴趣[2]。Litvak 和 Banting[3]提出“温度”模型,将国家分为“热”“中”和“冷”。“热”国家的特点是政治稳定、市场机会多,经济发展和表现良好,文化统一,法律障碍、地理障碍和地缘文化差距小;Stobaugh[4]用评定量表法决策国家的投资环境;Cavusgil 等[5]从各国的市场规模、市场增长率、市场集中度、基础设施、市场接受能力、市场自由度和国家风险 7 个纬度评价外国市场潜力;Samli[6]基于市场规模和质量运用多因素分析法对东欧国家市场潜力进行综合评价,其中市场质量考虑经济发展程度和生活质量;Harrell 和 Kiefer[7]基于市场规模、市场增长率、政府监管和经济政治稳定评价各国对投资的吸引力;Robock[8]从国家的政治风险对外国投资环境进行评估;Sethi[9]利用国家政治经济贸易等指标运用聚类分析将国家进行分类,同一集群的国家投资环境相近,为决策者国际化投资市场选择提供了一定的指导。自“一带一路”倡议提出以来,沿线国家的投资环境评价吸引了大量学者进行研究,评价指标和方法多种多样。李宇等[10]借助德尔菲法从 6 个方面综合评价了“一带一路”沿线国家投资环境情况,包括社会经济发展水平、交通基础设施建设水平、信息化水平、资源赋存、政治环境和安全环境,并提出投资对策建议;方尹等[11]采用 2010—2014 年的数据从自然、经济、政治、社会及基础设施建设 5 个方面运用熵值法对海湾八国的投资环境进行了综合评价,并利用评分结果将 8 个国家划分为优先、次优、谨慎投资区;马文秀和乔敏健[12]基于 2010—2015 年包括“一带一路”沿线 50 个国家和 140 个地区的数据,运用因子分析法对各国的投资便利化水平进行了测评比较,数据指标涵盖基础设施、宏观经济状况、制度环境和金融服务 4 个方面;韩金红和潘莹[13]以“一带一路”沿线 36 个城市为研究对象,从基础环境、经济环境、人力资源、政府行为和社会服务水平 5 个角度运用因子分析法对投资环境进行综合评价;张春光和满海峰[14]运用熵值法证明了东道国的技术资源、劳动力资源和自然资源是“一带一路”沿线国家投资环境最重要的影响因素,基础设施位列其次;周扬明[15]以矿业资源环境、政治法律环境、经济环境、基础设施及双边关系为指标,运用模糊多级综合评价模型构建各国投资环境衡量体系,为我国企业投资海外矿产资源提供指导;Crosthwaite[16]通过对英国大型建筑公司高管对海外市场看法的问卷调查发现,英国建筑企业大部分海外投资位于发达国家,这是由于发达国家更容易进行风险评估,财政状况稳定,腐败现象较少,受访者认为政治稳定性和潜在的经济增长是建筑企业在海外工作最重要的影响因素;El-Higzi[17]通过对澳大利亚建筑公司的调查发现,对海外投资决策是东道国投资环境、公司扩张动机和相关建设项目可得性共同作用的结果,其中东道国投资环境的影响因素包括经济、政治和结构等方面;Hastak 和 Shaked[18]基于国家、市场、项目 3 个层面构建了国际建设项目风险评估模型,为建筑企业国际化投资提供了一定的指导,其中国家层面的风险主要包括营运风险、政治风险和财务风险;Cheng 等[19]建议用三步分析流程为建筑企业国际化投资做决策,第一步:利用文献从国家和项目两个层面识别关键影响因素,第二步:用模糊偏好分析法评价国家层面的风险,判断是否进入该国市场,如果进入则进行第三步:用模糊偏好分析法评价项目成功的概率,用累计前景理论评价项目的前景,确定在特定市场对特定项目进行投资潜在的盈利能力;Chang 等[20]利用问卷调查收集了中国建筑企业在国际建设项目运行中遇到的政治风险案例,并对 264 个有效案例进行分析,用验证性因子分析的方法识别了 6 个宏观因素——社会政治稳定、法律和管制、社会安全、经济表现、对待外国人的态度、国际化环境和 2 个微观因素——低暴露和企业能力;Zhi[21]从外部和内部识别了国际建设项目的风险因素,外部风险分为国家和行业层面的风险,内部风险分为企业和项目层面的风险,国家层面的风险包括政治形势、经济形势和社会环境;Han 和 Diekmann[22]使用交叉影响分析确定影响海外建筑项目投资的 5 类风险,包括政治、经济、文化、技术和其他;Dikmen 和 Birgonul[23]根据土耳其承包商在海外市场的经验,开发了一个根据吸引力和竞争力对国际项目进行分类从而做出投资决策的神经网络模型,同时模型表明提高国际建设项目吸引力的最重要因素是资金供应、市场规模、经济繁荣、合同类型和国家风险评级,增强竞争力的最重要因素是竞争水平、东道国政府的态度、严格的质量要求、国家风险等级和宗教文化相似性;Chen 和 Orr[24]对中国在非洲承包商的研究表明,良好的基础设施需求、融资来源的可用性和自然资源的可用性为中国承包商在非洲的投资带来了很好的机遇，而政治不稳定性、安保和安全问题、其他中国承包商的竞争以及付款问题给中国承包商带来了极大的威胁。

王文治和扈涛[25]基于 56 个亚非拉国家的面板数据实证研究了中国对外承包工程投资区位选择的影响因素，结果显示，东道国国内的市场消费规模、经济发展速度、自然资源禀赋、人口劳动力资本、国家法律制度水平、政府办事效率和双边贸易关系与中国对外承包工程投资之间存在显著正相关关系，是影响中国对外承包工程投资区位的重要决定因素；张纯威和戴本忠[26]基于 1998—2017 以来的面板数据进行实证分析，结果显示，东道国的经济规模、基础设施水平对中国对外承包工程投资构成正向影响，东道国风险与中国的地理距离构成负向影响；董玥[27]基于案例分析识别中国建筑企业海外投资存在的问题，东道国政治风险致使中国建筑企业海外投资受损严重；乔慧娟[28]指出中国对外承包工程企业在进行海外投资时主要面临政治风险、法律和政策变动风险、自然风险以及企业管理风险；孙玉琴和姜慧[29]在研究我国对中亚交通基础设施投资发展和问题时发现，东道国投资环境欠佳造成投资风险上升，中亚五国政治冲突不断，民族纠纷频发，腐败盛行，党派斗争、民族宗教冲突、恐怖主义活动等政治环境影响因素是我国对中亚交通基础设施投资的显著制约，技术标准差异构成我国对中亚投资的严重障碍；方旖旎[30]运用量化分析将中国对“一带一路”沿线国家基建类投资所面临的风险分为经济类与非经济类，经济类风险包括东道国经济基础和偿债能力，非经济类风险包括社会弹性、政治风险和对华关系；中国对外承包商会副会长王禾在与罗艳关于国际工程承包的专题访谈中指出，国际工程面临的政治、法律、经济、自然、社会、环境、合同、技术、装备、融资、运营以及文化差异等一系列风险巨大[31]；冯雷鸣等[32]基于政治风险、社会风险、经济风险、金融风险和行业风险 5 个方面 27 个指标建立了对外基础设施投资风险评价指标体系，并结合层次分析法综合评价国家投资风险。

综合以上学者的观点和研究成果可以看出，目前对外投资环境评价理论模型大多是建立在制造或贸易公司活动的基础上的，由于建筑行业的特殊性，它们可能不太适合建筑企业，而针对建筑企业海外投资环境评价研究较少，且这些文献对决策过程中东道国投资环境的分析不够全面和深入。鉴于此，本文希望综合以往学者的研究成果，弥补上述文献的不足，研究“一带一路”国家中国建筑业投资环境综合评价体系。

3 投资环境综合评价体系构建

自从习近平总书记提出“一带一路”倡议后，参与“一带一路”建设的国家不断增多，截至2020年5月底，与中国签订“一带一路”相关合作协议的国家有144个，横跨亚洲、欧洲、非洲、美洲和大洋洲，涉及多个次地区。根据分析数据的可获得性，本文选取了其中72个国家进行分析。“一带一路”沿线各国意识形态、政治、经济环境差别较大，国内外很多学者对其从不同的角度进行了分类分析，本文参考姜巍[33]的分类方法，基于地理区域对分析用到的72个国家进行了如下分类，具体见表1。

表1　数据分析涉及的“一带一路”沿线国家分类表

地区	国家
东亚	蒙古、韩国
东南亚	新加坡、马来西亚、文莱、缅甸、老挝、印度尼西亚、菲律宾、越南、柬埔寨、东帝汶
中亚	哈萨克斯坦、乌兹别克斯坦、塔吉克斯坦、吉尔吉斯斯坦、土库曼斯坦
南亚	印度、巴基斯坦、斯里兰卡、尼泊尔、孟加拉国、马尔代夫、不丹
独联体	俄罗斯、白俄罗斯、乌克兰、摩尔多瓦、阿塞拜疆、亚美尼亚、格鲁吉亚
中东欧	波兰、奥地利、保加利亚、克罗地亚、捷克、斯洛伐克、爱沙尼亚、匈牙利、拉脱维亚、立陶宛、罗马尼亚、斯洛文尼亚、阿尔巴尼亚、波黑、马其顿、黑山、塞尔维亚
西亚、北非	以色列、阿联酋、沙特阿拉伯、伊拉克、埃及、巴林、约旦、科威特、黎巴嫩、利比亚、摩洛哥、阿曼、卡塔尔、叙利亚、突尼斯、也门、苏丹、阿富汗、伊朗、埃塞俄比亚、土耳其
南非	南非
大洋洲	新西兰

投资环境的概念最早是由Litvak和Banting[3]提出的，表示投资者进行项目投资时所处的背景和具有的外在条件。自从概念提出以来，国内外多位学者对各国投资环境进行了大量研究。通过对大量国内外相关文献的分析和总结，发现影响海外建筑业投资环境的主要因素可以归结为5类：政治、经济、社会、技术和双边关系。据此，本文从5个维度，24个指标建立了评价指标体系。

(1)政治环境

工程承包项目由于周期长、投入大、灵活性低，即发生意外状况时很难快速转移,因此对东道国的政治环境比较敏感,且政治风险对项目成败的影响是致命的。根据《中国企业国际化报告(2014)》显示,政治因素是导致2005—2014年发生的30起国际投资项目失败的关键原因,其中有17%的案例是在工程项目运营过程中发生政治动乱影响安全环境或领导人更换导致政策变迁等而遭受较大损失所致[34]。衡量政治环境指标包括政治稳定性、政府效率、制度质量、法制水平、国家清廉程度、精英派系化程度、外部干涉程度和恐怖主义严重性。政治稳定性对项目的顺利进行至关重要,一旦发生战争、冲突等,很可能会造成项目和人员的伤亡,严重影响项目的成本和进度;基础设施建设项目体量大,所用工人和机器设备非常多,审批程序复杂,因此政府办事效率对项目进度影响较大;海外工程项目突发情况较多,因此东道国良好的制度质量和法治水平能够有效保障外商的权利,降低项目风险;"一带一路"沿线一些国家腐败严重,权力寻租现象泛滥,导致项目利益减少,因此国家清廉程度对项目成败也有很大影响;精英派系化程度反映的是东道国国家机构在种族、阶级、宗族或宗教方面的分裂,以及执政精英之间的分裂和僵局,影响领导人的更换,从而影响政治和经济政策,对项目也有一定的影响;"一带一路"沿线国家战略位置重要,一直是世界大国进行政治角逐的战场,很多国家的政治和经济运行都受到强权国家的干涉,给项目投资带来了很大的不确定性;"一带一路"途经的西亚、南亚和中亚地区一直是全球恐怖袭击活动的高发地带,近年来这些地区的恐怖主义活动大有愈演愈烈之势,恐怖袭击对项目的打击是致命的,严重影响了中国对"一带一路"沿线国家的投资活动。

(2)经济环境

东道国的经济环境是海外工程承包项目的基础,在东道国进行投资的一个重要目的就是获取其广阔的市场规模或者未来的消费需求[35],并且东道国的经济表现也是政治风险的一个重要来源[36]。衡量经济环境指标包括经济发展水平、经济稳定性、市场开放度、市场规模、自然资源储备、金融市场发展水平、产业结构现代化程度和基础设施发展水平。经济发展落后的国家往往政治环境较差,社会不安定、容易受到大国干涉等,东道国的经济发展水平对项目的顺利进行至关重要;经济稳定性对于工程项目的成败影响深远,工程建设项目周期长、投入大,因此受到东道国通货膨胀和汇率波动的影响很大,经济不稳定的国家通货膨胀严重,货币贬值速度快,项目的经济风险高;东道国的市场开放度越高,跨国公司在东道国进行投资越便利;国家工程建设规模与市场规模呈现正向关系,市场规模越大,基础设施建设需求越大,潜在的投资机会就越多;基础设施建设项目所需材料和所用到的设备非常多,因此需要消耗的自然资源巨大,例如木材、钢铁、石油等,东道国的自然资源储备直接关系到建设项目材料、设备和燃料的价格,从而影响项目的成本;工程建设项目前期成本投入巨大,需要进行大量融资,因此受东道国金融市场发展的影响较大;东道国的产业结构现代化程度反映的是东道国第一、第二、第三产业占国民生产总值的比例,处于不同工业化阶段的国家的要素禀赋不同,优势产业不同,对项目存在一定的影响;首先基础设施建设项目需要大量远距离运输材料和设备,对东道国的交通基础设施依赖较强,其次工程项目在建设过程中需要消耗大量的水和电,因此对电力和水利设施的需求明显。

(3)社会环境

东道国的社会环境直接影响政治环境和经济环境,社会不稳定会加剧东道国民众对外国人的敌视和暴力行为[37]。衡量社会环境的指标包括教育培训水平、经济不平等程度、城市化水平、劳动市场发展水平、环境绩效水平。无论国家的意识形态和发展水平,人力资本都是经济增长最重要的驱动力,教育和培训水平在某种意义上代表了东道国未来劳动力水平;经济不平等会加剧社会矛盾,导致冲突,提高犯罪率,不利于工程项目的运行;城市化水平体现社会经济发展水平,一般来说,城市化水平越高,人口素质也越高,更能吸引外商投资;大型基础设施建设项目需要雇用大量国内和国外的劳动力,劳动市场发展水平越高,劳动保障制度越完善,雇用工人更方便,有利于项目顺利进行;环境绩效是国家政策中环保绩效的量化度量,在一定程度上反映东道国对环境保护的重视程度,我国在“一带一路”沿线国家的一些工程项目在推进过程中由于当地特殊的生态环境或环境保护政策导致项目被迫停工,甚至最终失败。

(4)技术环境

技术环境对中国建筑企业在东道国进行投资也是非常重要的。科技是第一生产力,科技水平与经济发展水平息息相关,同时东道国的建筑业技术发展水平和技术标准等也是中国建筑企业参与该国家建筑市场竞争决策的重要影响因素。衡量技术环境的指标包括技术准备程度和科技水平。技术准备程度反映东道国信息技术的完备程度,东道国的现代信息技术越先进,越有利于跨国企业在该国承包工程;东道国的科技水平反映东道国的科技实力,建筑技术越先进,工程承包项目效率越高。

(5)双边关系

两国之间的友好关系能够降低东道国对中国企业直接采取政治行动的可能性,降低政治风险,企业能更加全面了解东道国的风土人情,减少项目运行中突发情况。双边关系用国家信息中心发布的双边友好合作程度衡量,反映中国与东道国之间政策沟通、设施联通、贸易畅通、资金融通和民心相通程度。

表 2 "一带一路"国家中国建筑业投资环境评价指标体系

维度	序号	指标	方向	性质	来源
政治环境	X_1	政治稳定性	正向	定量	世界治理指数数据集
	X_2	政府效率	正向	定量	世界治理指数数据集
	X_3	制度质量	正向	定量	世界治理指数数据集
	X_4	法治水平	正向	定量	世界治理指数数据集
	X_5	国家清廉程度	正向	定量	透明国际
	X_6	精英派系化程度	反向	定量	脆弱国际指数(和平基金)
	X_7	外部干涉程度	反向	定量	脆弱国际指数(和平基金)
	X_8	恐怖主义严重性	反向	定量	2017 年世界恐怖指数(经济与和平研究所)
经济环境	X_9	经济发展水平	正向	定量	世界银行数据库
	X_{10}	经济稳定性	正向	定量	2017—2018 年全球竞争力报告(世界经济论坛)
	X_{11}	市场开放度	正向	定量	世界银行数据库
	X_{12}	市场规模	正向	定量	2017—2018 年全球竞争力报告(世界经济论坛)
	X_{13}	自然资源储备	正向	定量	世界银行数据库
	X_{14}	金融市场发展水平	正向	定量	2017—2018 年全球竞争力报告(世界经济论坛)
	X_{15}	产业结构现代化程度	正向	定量	2018 年中国现代化报告:产业结构现代化研究
社会环境	X_{16}	基础设施发展水平	正向	定量	2017—2018 年全球竞争力报告(世界经济论坛)
	X_{17}	教育培训水平	正向	定量	2017—2018 年全球竞争力报告(世界经济论坛)
	X_{18}	经济不平等程度	反向	定量	脆弱国际指数库(和平基金)
	X_{19}	城市化水平	正向	定量	世界银行数据库
	X_{20}	劳动市场发展水平	正向	定量	2017—2018 年全球竞争力报告(世界经济论坛)
	X_{21}	环境绩效	正向	定量	耶鲁大学环境绩效指数

续表

维度	序号	指标	方向	性质	来源
技术环境	X_{22}	技术准备程度	正向	定量	2017—2018 年全球竞争力报告（世界经济论坛）
	X_{23}	科技水平	正向	定量	世界银行
双边关系	X_{24}	双边友好合作程度	正向	定量	国家信息中心

表 2 中的大部分指标数据直接来源于相应权威数据库或报告的测算,少数指标是本文根据相应数据计算得到的。经济发展水平是参照北京师范大学新兴市场研究院测算“一带一路”沿线国家的经济发展指数时所用的指标计算的,包括名义 GDP 总量、人均名义 GDP 和 GDP 增速,GDP 总量反映一个国家的综合经济实力,人均名义 GDP 反映该国人民的富裕程度,GDP 增速是衡量一个国家的经济增长水平,这 3 个指标基本可以涵盖“一带一路”沿线国家经济发展的基本情况[38];市场开放度是参照张纯威和戴本忠[26]的计算方法,用中国与东道国贸易额与东道国 GDP 的相对比率来计量;对于自然资源储备数据,本文参照 Buckley 等[39]的做法,采用东道国矿石和金属资源出口占货物商品总出口的比重来衡量;各国的科技实力是根据各国科技期刊文章、高科技产品出口和专利数来衡量的。本文所用的数据均来源于国内外权威数据库或报告,在各国之间具备很强的可比性,并且数据持续更新,方便后续使用。

国内外关于投资环境的评价方法有很多,包括因子分析法、聚类分析法、模糊评价法、德尔菲法、熵值法等。本文评价指标较多,指标之间存在很强的相关性,因此使用因子分析法进行评价,采用的软件是 SPSS。由于指标的量纲不同,首先采用极值法对数据进行标准化处理:

$$正向:\bar{x} = \frac{x - x_{\min}}{x_{\max} - x_{\min}} \qquad 反向:\bar{x} = \frac{x_{\max} - x}{x_{\max} - x_{\min}}$$

然后进行 KMO 和巴特利特球形检验,见表 3,巴特利特球形检验统计量为 1 868.696,检验的概率值接近为 0,且 KMO 统计量为 0.894,说明指标之间有很强的相关性,适合进行因子分析。

表 3　KMO 和巴特利特球形检验

KMO 取样适切性量数		0.894
巴特利特球形检验	上次读取的卡方	1 868.696
	自由度	276
	显著性	0.000

根据常用抽取公因子的原则，抽取特征值大于 1 的公因子，见表 4，共有 4 个公因子特征值大于 1，其累计方差贡献率达到了 76.058%，也就是说这 4 个公因子涵盖了 24 个指标的大部分信息，符合因子分析的标准。旋转后 4 个公因子的方差贡献率分别为 30.297%、27.482%、12.385%和 5.893%，每个公因子的方差贡献率占 4 个公因子累计方差贡献率的比值作为后续计算各国总得分的因子权重。

表 4　总方差解释

组件	初始特征值			提取载荷平方和			旋转载荷平方和		
序号	总计	方差百分比	累积/%	总计	方差百分比	累积/%	总计	方差百分比	累积/%
1	12.834	53.476	53.476	12.834	53.476	53.476	7.271	30.297	30.297
2	2.645	11.022	64.498	2.645	11.022	64.498	6.596	27.482	57.779
3	1.625	6.769	71.268	1.625	6.769	71.268	2.972	12.385	70.165
4	1.150	4.790	76.058	1.150	4.790	76.058	1.414	5.893	76.058
5	0.887	3.696	79.753						
6	0.668	2.784	82.538						
7	0.650	2.709	85.247						

注：提取方法为主成分分析。

为了获取更容易解释的公因子，本文采用最大方差法对矩阵进行了正交旋转，旋转后的成分矩阵见表 5，表中政治稳定性、政府效率、制度质量、法制水平、国家清廉程度、精英派系化程度、外部干涉程度、恐怖主义严重性、经济稳定性、市场开放度、经济不平等程度、劳动市场发展水平在第一个公因子有较高的载荷，这些主要是关于政治安全、社会经济稳定的指标，因此将其命名为稳定性因子；经济发展水平、产业结构现代化程度、基础设施发展水平、教育培训水平、城市化水平，环境绩效、技术准备程度在第二个公因子有较高的载荷，这些主要是关于东道国社会、经济发展的指标，因此将其命名为发展性因子；金融市场发展水平、科技实力、市场规模、双边友好合作程度在第三个因子上有较高载荷，这些指标比较综合，因此将其命名为综合因子；自然资源储备在第四个因子上有较高载荷，因此将其命名为资源禀赋因子。

表 5　旋转后的成分矩阵[a]

序号	指标	组件			
		1	2	3	4
X_1	政治稳定性	0.891	0.255	−0.049	0.158
X_2	政府效率	0.700	0.590	0.268	−0.004
X_3	制度质量	0.697	0.575	0.185	0.014
X_4	法制水平	0.715	0.557	0.202	−0.100
X_5	国家清廉程度	0.703	0.547	0.120	−0.103
X_6	精英派系化程度	0.755	0.429	0.037	−0.071
X_7	外部干涉程度	0.708	0.391	0.271	0.025
X_8	恐怖主义严重性	0.795	0.143	−0.318	0.197
X_{10}	经济稳定性	0.659	0.090	0.128	0.026
X_{11}	市场开放度	0.655	0.229	0.239	−0.179
X_{18}	经济不平等程度	0.568	0.541	−0.076	−0.132
X_{20}	劳动市场发展水平	0.607	0.414	0.171	0.430
X_9	经济发展水平	0.351	0.646	0.327	−0.150
X_{15}	产业结构现代化程度	0.362	0.794	0.147	−0.252
X_{16}	基础设施发展水平	0.497	0.707	0.332	−0.118
X_{17}	教育培训水平	0.416	0.791	0.101	0.136
X_{19}	城市化水平	0.015	0.880	0.104	0.043
X_{21}	环境绩效	0.397	0.741	−0.136	0.022
X_{22}	技术准备程度	0.477	0.745	0.145	0.086
X_{14}	金融市场发展水平	0.400	0.476	0.549	−0.043
X_{23}	科技实力	0.099	0.193	0.682	−0.104
X_{12}	市场规模	−0.053	0.165	0.848	−0.250
X_{24}	双边友好合作程度	0.082	−0.116	0.852	0.264
X_{13}	自然资源储备	0.021	−0.068	−0.112	0.904

注：提取方法为主成分分析。旋转方法为 Kaiser 标准化最大方差法。

a.旋转在 6 次迭代后已收敛。

4 评价结果分析

计算出各因子的具体得分,再按照各因子的方差贡献率占4个因子累计方差贡献率的比值为权数,得到各国建筑业投资环境综合得分,并进行排序。新加坡、新西兰和韩国位列前三位,对我国工程承包商来说投资环境最好;阿富汗、叙利亚、也门位列后三位,在“一带一路”沿线国家属于投资环境最差的国家,投资者应谨慎在这些国家进行投资。“一带一路”国家中国建筑业投资环境综合评价结果见表6。

表6 “一带一路”国家中国建筑业投资环境综合评价结果

排名	国家	得分	排名	国家	得分	排名	国家	得分
1	新加坡	1.48	25	泰国	0.21	49	波黑	-0.26
2	新西兰	1.32	26	沙特阿拉伯	0.19	50	斯里兰卡	-0.26
3	韩国	1.03	27	哈萨克斯坦	0.18	51	摩尔多瓦	-0.27
4	奥地利	0.93	28	阿曼	0.18	52	黎巴嫩	-0.31
5	阿联酋	0.89	29	亚美尼亚	0.16	53	塔吉克斯坦	-0.32
6	捷克	0.73	30	俄罗斯	0.16	54	突尼斯	-0.32
7	爱沙尼亚	0.69	31	黑山	0.11	55	乌克兰	-0.32
8	卡塔尔	0.69	32	科威特	0.07	56	柬埔寨	-0.35
9	以色列	0.67	33	塞尔维亚	0.06	57	伊朗	-0.35
10	马来西亚	0.62	34	印度尼西亚	0.05	58	乌兹别克斯坦	-0.35
11	斯洛文尼亚	0.6	35	越南	0.02	59	土库曼斯坦	-0.38
12	波兰	0.57	36	约旦	0.01	60	缅甸	-0.49
13	立陶宛	0.53	37	阿尔巴尼亚	-0.03	61	埃及	-0.52
14	拉脱维亚	0.52	38	土耳其	-0.03	62	尼泊尔	-0.66
15	斯洛伐克	0.48	39	白俄罗斯	-0.05	63	孟加拉国	-0.68
16	匈牙利	0.44	40	马其顿	-0.06	64	巴基斯坦	-0.7
17	文莱	0.39	41	菲律宾	-0.09	65	东帝汶	-0.75
18	保加利亚	0.31	42	不丹	-0.11	66	埃塞俄比亚	-0.82
19	蒙古国	0.31	43	阿塞拜疆	-0.13	67	利比亚	-0.85
20	巴林	0.28	44	摩洛哥	-0.16	68	伊拉克	-0.86
21	克罗地亚	0.25	45	老挝	-0.17	69	苏丹	-1.03
22	格鲁吉亚	0.25	46	印度	-0.18	70	阿富汗	-1.09
23	罗马尼亚	0.23	47	吉尔吉斯斯坦	-0.19	71	叙利亚	-1.13
24	南非	0.23	48	马尔代夫	-0.24	72	也门	-1.35

根据综合得分结果,本文将各国投资环境进行分级,一共分为四级,一、二级国家投资环境高于平均水平,三、四级国家投资环境低于平均水平。一级国家政治稳定、经济发达、社会安定、科技先进、人口素质高,投资环境良好,我国的建筑企业在进行投资时应优先考虑这些国家。例如中国企业在新加坡的项目投标、履约及收款情况良好,在建项目进展顺利。中国京冶工程技术有限公司承包的新加坡环球影城工程项目按期完工,荣获了多项专利、成果论文和奖项,打造了中资企业在海外大型工程总承包管理的示范工程。

二级国家政治基本稳定,经济发展良好,但是可能存在一些社会问题。在这些国家进行工程承包时,投资者必须充分了解项目所在国家和地区的情况,做好工程管理工作,以免项目失败。例如沙特麦加铁轨项目,沙特阿拉伯政治经济环境较好,但是自然条件和社会环境与国内差别较大,宗教氛围浓厚,限制条件多,工程技术规范和设备材料的标准采用的是欧美标准,而不是中国标准,由于中铁建未考虑好这些因素,造成项目成本失控,公司严重亏损。

三级国家经济社会发展比较落后,政治环境脆弱,国内武装势力较强,受到大国干涉较多,国家政策和管理不够完善,政府信用较低。例如缅甸密松水电站项目,在两国签完合同,中方投入巨大资本后,缅甸政府单方面解除合同,给中方企业造成巨大损失。究其原因,主要因为缅甸政治环境不稳定,地方反政府武装势力强大,给项目的顺利进行带来了巨大压力,最终导致项目失败。

四级地区国家战乱冲突不断,经济社会发展非常落后,投资风险非常大,投资者应尽量避免在这些国家进行投资。如果在这些国家承包工程,管理者必须做好风险管理工作,提前购买工程保险、做好索赔计划等。例如中铁集团在阿富汗北部昆都士及东部贾拉拉巴德的两个设计施工总承包公路修复项目,由于恐怖袭击,造成 11 名中国工人死亡,4 人受伤。项目受损严重,工期延误,给企业带来了巨大损失。“一带一路”国家中国建筑业投资环境分级见表 7。

表 7 “一带一路”国家中国建筑业投资环境分级

级别	国家
一级	新加坡、新西兰、韩国、奥地利、阿联酋
二级	捷克、爱沙尼亚、卡塔尔、以色列、马来西亚、斯洛文尼亚、波兰、立陶宛、拉脱维亚、斯洛伐克、匈牙利、文莱、保加利亚、蒙古国、巴林、克罗地亚、格鲁吉亚、罗马尼亚、南非、泰国、沙特阿拉伯、哈萨克斯坦、阿曼、亚美尼亚、俄罗斯、黑山、科威特、塞尔维亚、印度尼西亚、越南、约旦

续表

级别	国家
三级	阿尔巴尼亚、土耳其、白俄罗斯、马其顿、菲律宾、不丹、阿塞拜疆、摩洛哥、老挝、印度、吉尔吉斯斯坦、马尔代夫、波黑、斯里兰卡、摩尔多瓦、黎巴嫩、塔吉克斯坦、突尼斯、乌克兰、柬埔寨、伊朗、乌兹别克斯坦、土库曼斯坦、缅甸、埃及、尼泊尔、孟加拉国、巴基斯坦
四级	东帝汶、埃塞俄比亚、利比亚、伊拉克、苏丹、阿富汗、叙利亚、也门

"一带一路"国家中国建筑业投资环境排名如图 1 所示。

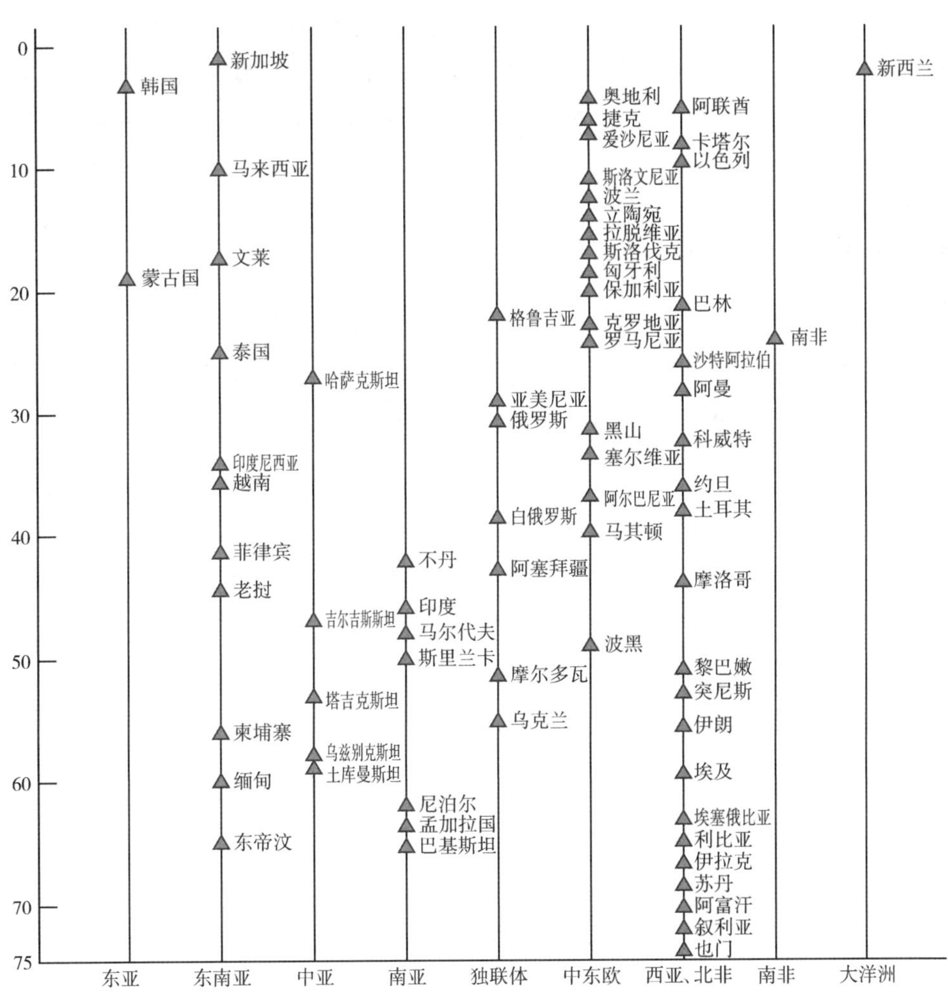

图 1 "一带一路"国家中国建筑业投资环境排名

从地域上来看，东亚、东南亚比较发达的国家，中东欧大部分国家，中东石油大国以及新西兰整体投资环境较好，这些国家政治稳定、经济发达，各方面发展比较完善，容易进行风险评估，有利于项目融资；投资环境最差的国家大多是东南亚、南亚以及西亚北非一些长年战乱、经济非常落后的国家。可以看出，政治稳定和经济发展是影响东道国投资环境最重要的因素。

整体上来说，中东欧各国投资环境较好，中亚、南亚国家投资环境普遍较差。中亚五国民族宗教冲突不断，党派斗争严重，腐败盛行，恐怖主义活动频发，导致国内政治环境动荡，并且经济发展落后，基础设施非常不完善，同时技术标准差异也构成我国对中亚投资的严重障碍；南亚国家也因为宗教和种族等原因而矛盾重重，孟加拉国、尼泊尔、马尔代夫等国家都存在严重的党派斗争，国内政治格局不稳定，导致投资政策和商业环境多变，使很多外资企业失去投资信心。印度和巴基斯坦国内存在多路极端势力和恐怖组织，各种犯罪团伙非常嚣张，国内安全风险很高。

5 结论与建议

目前，随着“一带一路”倡议的推行，我国建筑行业海外投资的步伐不断加快，对外承包工程的合同额和投资额不断增多，但海外工程项目盈利的非常少。对外承包工程体量大，周期长，成本高，灵活性小，受东道国政治、经济、社会、文化、技术的影响大，因此在进行投资决策时，要全面掌握当地的各种环境情况，合理评估项目风险，提前做好风险控制和应对措施。

东道国的政治稳定和经济发展是影响项目成败最重要的因素，我国建筑企业在海外投资时应努力进入大国市场。目前我国建筑业海外投资多集中在亚非拉国家，在欧洲发达国家承包工程较少，主要原因可能是发达国家投资环境好，竞争压力大，我国企业在这些国家承包工程的经验较少。但是企业不应放弃这部分市场，而要积极地提高企业本身的管理水平，借助政府的力量和平台提高国际竞争力。

企业在不同类型国家进行投资时，首要关注点也不同。在国家宏观环境相对较好的国家投资时，例如在投资环境评价为一级和二级的国家承包工程时，企业要重点关注公司内部的管理和项目本身的运营，了解本国的技术规范标准与当地技术规范标准的差异，了解当地的风土人情，掌握本国的办事习惯与当地做事习惯的差异，要以一个当地人的思维对项目进行评估，而不能继续采用国内的经验进行管理。在投资环境差的国家投资时，例如在投资环境评价为三级和四级的国家承包工程时,要重点关注国家宏观环境变化,做好风险的转移、控制和规避管理,不能为了拿项目而拿项目,花费巨额资金买教训,要有市场经济思维。

加速中国国际工程行业的发展,除了要加快施工企业“走出去”,还要加快引导设计企业、咨询企业等相关产业一起“走出去”,目前国际上很多国家项目前期的设计、咨询、合同管理等采用的是欧洲、美国标准,给中国企业后期的施工和设备采购方面带来了很大麻烦,造成人力、物力的浪费以及造价评估的不准确,导致大量亏损。同时,加快国际工程人才的培养,尤其是高素质工程人才,对东道国的语言、文化、政治经济环境都应熟练掌握,要既懂得运用国际工程标准技术,又懂得项目的管理。

参考文献

[1] 辛灵.国际工程承包市场新特点及前景[J].国际经济合作,2019(1):38-43.

[2] Ershova N.Investment climate in Russia and challenges for foreign business:The case of Japanese companies[J].Journal of Eurasian Studies,2017,8(2):151-160.

[3] Litvak I A, Banting P M.“A conceptual framework for international business arrangement”//Marketing and the New Science of Plann[C].American Marketing Association,1968:460-467.

[4] Stobaugh R B.How to analyze foreign investment climates[J].Harvard business review,1969,47(5):100-108.

[5] Cavusgil S T, Kiyak T, Yeniyurt S. Complementary approaches to preliminary foreign market opportunity assessment: country clustering and country ranking [J]. Industrial Marketing Management,2004,33(7):607-617.

[6] Samli A C.An Approach for Estimating Market Potential in East Europe[J].Journal of International Business Studies,1997,8(2):49-53.

[7] Harrell G D, Kiefer R O. Multinational Market Portfolios in Global Strategy Development[J]. International Marketing Review,1993,10(1).

[8] Robock S H.Political risk:Identification and Assessment[J].Columbia Journal of World Business,1971,6(4):6-20.

[9] Sethi S P. Comparative Cluster Analysis for World Markets[J]. Journal of Marketing Research,1971,8(3):348.

[10] 李宇,郑吉,金雪婷,等.“一带一路”投资环境综合评估及对策[J].中国科学院院刊,2016,31(6):671-677.

[11] 方尹,陈俊华,代欢欢.“一带一路”背景下海湾国家投资环境综合评价[J].世界地理研究,2018,27(2):36-44.

[12] 马文秀,乔敏健."一带一路"国家投资便利化水平测度与评价 [J].河北大学学报,2016,41(5):85-94.

[13] 韩金红,潘莹."一带一路"沿线城市投资环境评价[J].统计与决策,2018,34(20):122-125.

[14] 张春光,满海峰."一带一路"沿线国家投资环境的综合评价与比较——基于不同类型经济体的实证研究[J].金融与经济,2018,(2):48-54.

[15] 周扬明.模糊多级综合评价模型下的亚太国家投资环境研究 [J].现代管理科学,2014(1):75-77.

[16] Crosthwaite D.The internationalization of British construction companies 1990-96: an empirical analysis[J].Construction Management and Economics,1998,16(4):389-395.

[17] El-Higzi F A.Foreign market selection factors in the Australian construction services sector[J].Construction Economics and Building,2012,2(1):107-120.

[18] Hastak M,Shaked A.ICRAM-1:Model for International Construction Risk Assessment[J].Journal of Management in Engineering,2000,16(1):59-69.

[19] Cheng M Y,Tsai H C,Chuang K H.Supporting international entry decisions for construction firms using fuzzy preference relations and cumulative prospect theory [J]. Expert Systems with Applications,2011,38(12):15151-15158.

[20] Chang T,Deng X,Hwang B G,et al.Political Risk Paths in International Construction Projects:Case Study from Chinese Construction Enterprises[J].Advances in Civil Engineering,2018(3):1-11.

[21] Zhi H. Risk management for overseas construction project[J]. International Journal of Project Management,1995,13(4):231-237.

[22] Han S H,Diekmann J E.Making a risk-based bid decision for overseas construction projects[J].Construction Management and Economics,2010,19(8):765-776.

[23] Dikmen I,Birgonul M T.Neural Network Model to Support International Market Entry Decisions [J].Journal of Construction Engineering & Management,2004,130(1):59-66.

[24] Chen C,Orr R J.Chinese contractors in Africa:Home government support,coordination mechanisms, and market entry strategies[J].Journal of Construction Engineering and Management,2009,135(11):1201-1210.

[25] 王文治,扈涛.中国对外承包工程投资区位的决定因素——基于"亚非拉"国家的经验研究[J].世界经济研究,2014(7):67-73.

[26] 张纯威,戴本忠.中国对"一带一路"沿线国家工程承包:地位、动因与策略[J].对外经贸,2017(11):47-52.

[27] 董玥.中国建筑企业海外投资的问题与对策[J].山东社会科学,2011(S2):17-21.

[28] 乔慧娟."一带一路"战略实施背景下中国对外承包工程企业海外投资的风险管理[J].对外经贸,2015(8):4-6.

[29] 孙玉琴,姜慧.我国对中亚交通基础设施投资发展、问题及应对策略[J].国际贸易,2015(8):30-37.

[30] 方旖旎.中国企业对"一带一路"沿线国家基建投资的特征与风险分析[J].西安财经学院学报,2016,29(1):67-72.

[31] 罗艳.筹谋"一带一路" 防范海外风险——专访中国对外承包工程商会副会长王禾[J].国际工程与劳务,2015(1):28-30.

[32] 冯雷鸣,李丛珊,李青原.中国对外基础设施建设投资风险评价研究——以"一带一路"沿线10国为例[J].国际经济合作,2018(3):56-59.

[33] 姜巍."一带一路"沿线基础设施投资建设与中国的策略选择 [J].国际贸易,2017(12):44-52.

[34] 谭畅."一带一路"战略下中国企业海外投资风险及对策 [J].中国流通经济,2015,29(7):114-118.

[35] 张亚斌."一带一路"投资便利化与中国对外直接投资选择——基于跨国面板数据及投资引力模型的实证研究[J].国际贸易问题,2016(9):165-176.

[36] Rich G, Mahmoud E. Political risk forecasting by Canadian firms[J]. International Journal of Forecasting,1990,6(1):89-102.

[37] Khattab A A, Anchor J, Davies E. Managerial perceptions of political risk in international projects [J]. International Journal of Project Management,2007,25(7):734-743.

[38] 吴舒钰."一带一路"沿线国家的经济发展 [J].经济研究参考,2017(15):16-45.

[39] Buckley P J, Clegg L J, Cross A R, et al. The determinants of Chinese outward foreign direct investment[J]. Journal of International Business Studies,2007,38(4):499-518.

收稿日期:2019年7月22日。

基金项目:国家自然科学基金资助项目(71871235);

中国铁建股份有限公司科技研发计划项目(15-C73-1)。

作者简介:王艳芬(1997—),女,中央财经大学管理科学与工程学院硕士研究生。主要研究方向:风险管理,可持续发展。

汪涛(1985—),男,重庆大学公共管理学院教授,博士生导师。主要研究方向:城市管理、可持续发展、风险管理。

于洪忠(1967—),男,中国铁建国际集团有限公司,高级工程师。主要研究方向:国际工程项目管理。

王蕾(1976—),女,中国铁建国际集团有限司,二级法律顾问。主要研究方向:国际工程项目管理。

长江经济带战略经济增长效应研究
——基于 DID 方法检验

单雪芹,李美瑶,沈士为
(重庆大学 管理科学与房地产学院,重庆,400044)

摘　要:本文根据 2007—2017 年中国 31 个省级行政区(不含港澳台地区,下同)的面板统计数据,利用双重差分法构建区域经济发展指标体系,评估了长江经济带战略的实施对区域经济发展的影响,并通过平行趋势和反事实检验实证评估的稳健性。结果表明:长江经济带战略的实施显著促进了区域经济的发展,政府要进一步加强政策引导,同时发挥其资源配置能力,加强产业生态化建设。

关键词:长江经济带战略;区域经济发展;双重差分法
中图分类号:F293　　　　　　　　　　**文献标识码:**B

Guiding Policies of Long-term Rental Apartment Based on the Government and Property Developers

SHAN Xueqin, LI Meiyao, SHEN Shiwei
(School of Management Science and Real Estate, Chongqing University, Chongqing,400044)

Abstract: Based on the panel data of 31 provincial-level administrative regions in China from 2007 to 2017, the double difference method is used to construct a regional economic development index system, the impact of the implementation of the Yangtze River Economic Belt Strategy on regional economic development is evaluated, and parallel trends and counterfactual tests were carried out to confirm. The robustness of the assessment. The results show that the implementation of the strategy of the Yangtze River Economic Belt has significantly enhanced the development of the regional economy. The government should further strengthen policy guidance, at the same time exert its resource allocation capabilities, and explore the establishment of a series of cross-regional coordinated development mechanisms.

Key words: Yangtze river economic belt strategy; Regional economic development; Difference in difference method

1 引 言

改革开放多年来,长江流域的社会经济发展迅速,沿江地区已经建设成世界上最大规模的区域产业带。如今的长江经济带相比沿江区域产业带的范围有着更大的扩充和发展,在考虑尊重流域自然生态规律的同时,又必须考虑在推行长江战略时发挥行政区的重大作用和规划的可操作性[1]。当前在世界经济格局发生重要变化、中国地位不断提升的背景下,长江经济带战略的提出和发展对中国的经济社会发展有着深远的影响。

2 文献评述与理论假设

周德全等从经济内在发展规律、国家战略格局及经济发展基础等角度分析“长江经济带”战略是促进沿江区域经济增长引擎的内在动因[2]。肖琳子等阐述“长江经济带”战略绿色发展理念是促进产业转型升级的必然选择[3]。蒋媛媛等研究表明,长江经济带战略有利于推进产业转型升级与产业转移和新型城镇化,促进经济发展[4]。朱丽萌等面板数据实证长江经济带战略下,长江经济带产业发展态势良好且朝着转型升级的方向发展[5]。袁丽梅阐释作为国家级战略,长江经济带战略将长时间影响促进所涉及地区的经济发展[6]。汪发元等利用 Stata 与 Matlab 软件实证长江经济带的市场潜能及其空间效应、空间人口城镇化、政府公共投资对经济发展具有正向影响[7]。黄森等运用 SBM-undesirable 模型实证长江经济带区域经济一体化发展模式将改善区域内部贸易互通条件,促使长江经济带整体经济快速增长[8]。但任洁通过固定效应方法实证长江经济带战略下制造业存在一定程度的过度集聚,阻碍经济发展[9]。王玉燕等通过指标体系测算“长江经济带战略”下各省市整体产业专业化程度不高,产业分工状况不容乐观[10]。郭湖斌等从耦合协调发展角度实证长江经济带区域物流发展水平对区域经济发展存在着一定的制约作用[11]。

目前研究仅局限于长江经济带战略实施过程中的特征因素或是从概念化角度阐述对区域经济发展的影响,而没有从战略政策角度出发研究长江经济带战略的实施是否促进了沿江省份区域经济的发展。基于此,本文提出以下假设:长江经济带发展战略能够有效促进区域经济的发展。

3 研究设计

3.1 模型设定

本文采用双重差分法(difference in difference method, DID)评估国家长江经济带战略的政策效果。在长江经济带战略实施后,会有两个方面影响经济发展质量:一方面是随着时间增长和经济形势变化,经济发展质量的自然变化,可以称之为"时间效应";另一方面是由于长江经济带战略的实施而提高或是降低经济发展质量的"处理效应"。双重差分法能有效地分离"时间效用"和"处理效应"。因此,本文选择 DID 对长江经济带战略效果进行评价。其基准回归模型为:

$$Y_{it} = \alpha_0 + \alpha_1 \text{treated}_t + \alpha_2 \text{year}_i + \alpha_3 \text{treated}_t \times \text{year}_i + \sum a_j x_{it,k} + \mu_i + \tau_i + \xi_{it}$$

①Y_{it}为被解释变量,主要表示省份 i 在 t 时期的经济增长水平,参考(林毅夫[12]等;黄新飞[13]等)学者做法,对经济增长的衡量具体选择人均生产总值的对数 lnp gdp 作为其衡量指标。

②treated_t 为地区虚拟变量,在长江经济带战略范围内的省份为 1,否则为 0;year_i 是时间虚拟变量,在战略提出实施之后(2015 年及其以后)等于 1,之前(2015 年之前)等于 0;$\text{treated}_t \times \text{year}_i$ 为地区虚拟变量和时间虚拟变量的交互项,表示实施长江经济带战略的政策净效应,为本文的核心待估计参数。

③$x_{it,k}$为控制变量,表征影响经济增长的第 k 个解释变量,$k=1,2,\cdots,k$。有效控制变量的选取是增强研究结果可信度的重要基础。固定资产投资(far)是影响地区经济高质量发展的重要因素[14],因而需要予以控制;工业化进程和产业结构变化是造成地区经济高质量发展差异的重要原因[15-16],地区的工业化(industry)和产业结构(thirdindustry)可以检验工业化进程对经济高质量发展的影响;教育水平(edu)的提高对经济增长具有显著的促进效应[17];政府规模(gov)则通过产出直接的社会需求而促进经济增长[18]。

④μ_i 是省份固定效应;τ_t 为年份固定效应;ξ_{it}为随机误差项。

主要变量及计算方法见表 1。

表 1 主要变量及计算方法

变量类型	变量名称	计算方法
被解释变量	地区人均 GDP 对数值(lnp gdp)	对地区实际人均 GDP 取对数
核心解释变量	长江经济带战略(did)	虚拟变量(0,1)
	产业结构(third industry)	地区第三产业产值/地区 GDP
	工业化程度(industry)	地区第二产业产值/地区 GDP
控制变量	教育水平(edu)	普通高等学校在校人数/地区总人口
	政府规模(gov)	政府财政预算内支出/地区 GDP
	固定资产投资水平(far)	地区当年固定资产投资额/地区 GDP

3.2 研究样本

2014 年,习近平在部署 2015 年经济工作时指出要重点实施长江经济带战略,基于《长江经济带发展规划纲要》,文章将长江经济带战略覆盖的上海、江苏、浙江、安徽、江西、湖北、湖南、重庆、四川、云南、贵州等 11 个省市作为处理组,其余省级行政区作为控制组(不包括台湾省与香港、澳门地区)。

3.3 数据来源及说明

按照表 1 所列指标,本文拟用的数据是 2007—2017 年中国 31 个省级行政区的面板统计数据,数据来自《中国城市统计年鉴》及各省统计年鉴,对于缺失数据,采用插值法补齐。虽然长江经济带战略的提出是 2014 年,但是考虑到政策推进及效果显现需要一定的时间,因此时间虚拟变量的设置滞后一年,为 2015 年。

3.4 数据初步分析

从图 1 中可以发现,长江经济带战略实施的年份是 2015 年,但在 2014 年处理组和控制组的人均生产总值的平均增长趋势之间就产生了差异,在 2015 年后处理组的人均生产总值赶超控制组,差异持续增大,由此可以看出长江经济带战略对经济增长具有推动作用,但具体效果和可信性需要进一步实证检验。

4 实证结果与分析

4.1 描述性统计分析

样本的描述性统计分析数据结果见表 2。国内人均生产总值的对数平均值为 10.504,最小值为 8.841,最大值为 11.869,标准差为 0.567,可见不同省份之间经济发展存在着一定差距,对于控制变量,同样能够看出不同省份间的差距。

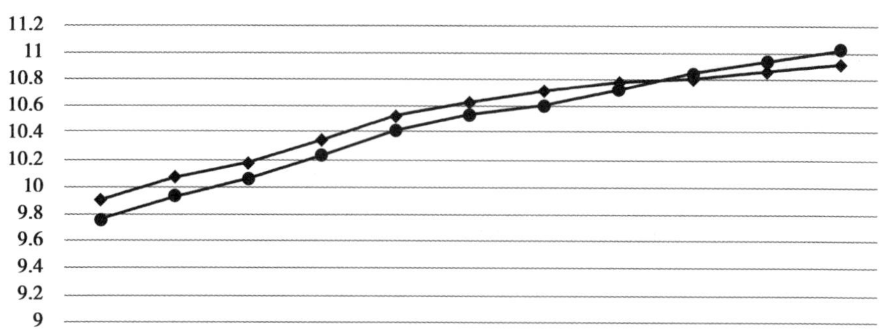

图 1　长江经济带战略覆盖省市与非覆盖省份的人均生产总值平均增长趋势

表 2　主要变量的描述性统计

	Variable	lnp gdp	thirdindustry	industry	edu	gov	far
全样本	Obs	341	341	341	341	341	341
	Mean	10.504	0.435	0.46	0.018	0.259	0.735
	Std.Dev.	0.567	0.093	0.084	0.006	0.198	0.246
	Min	8.841	0.283	0.19	0.007	0.08	0.225
	Max	11.869	0.806	0.59	0.035	1.379	1.555
处理组	Obs	121	121	121	121	121	121
	Mean	10.480	0.434	0.462	0.018	0.217	0.713
	Std.Dev.	0.652	0.077	0.057	0.004	0.075	0.232
	Min	8.841	0.325	0.291	0.007	0.094	0.225
	Max	11.869	0.698	0.556	0.025	0.402	1.257
控制组	Obs	220	220	220	220	220	220
	Mean	10.518	0.436	0.458	0.018	0.282	0.748
	Std.Dev.	0.516	0.1	0.095	0.006	0.237	0.253
	Min	9.244	0.283	0.19	0.007	0.08	0.233
	Max	11.768	0.806	0.59	0.035	1.379	1.555

4.2　单变量分析

长江经济带战略实施前后处理组和控制组的人均生产总值差异情况见表 3。长江经济带战略实施前处理组和控制组的人均生产总值平均值差异为-0.105，且不显著；长江经济带战略实施后处理组和控制组的人均生产总值均值平均值差异

0.142，且不显著。从地区和时间两个方面进行差分分析，人均生产总值差异为0.246，且在5%的水平上显著。由以上分析可知，长江经济带战略对处理组的区域经济发展水平增长率带来的净影响为0.246，而处理组在战略实施前后区域经济发展水平增长率的差异为0.468，控制组在战略实施前后区域经济发展水平增长率的差异为0.713，处理组的增长幅度是控制组的1.6倍，并且在长江经济带战略提出实施初期，着重加强生态文明建设，而生态文明建设为处理组快速发展打下了基础，此后，人均GDP将呈现稳步递增的趋势。

单变量分析结果见表3。

表3　单变量分析结果

Outcome var.	lnp gdp	S.Err.	t	P>|t|
Before				
Control	10.39			
Treated	10.286			
Diff(T−C)	−0.105	0.077	−1.37	0.173
After				
Control	10.858			
Treated	10.999			
Diff(T−C)	0.142	0.089	1.59	0.113
Diff-in-Diff	0.246	0.118	2.09	0.037**

注：*** $p<0.01$；** $p<0.05$；资料来源：作者利用Stata软件计算。

4.3　基准回归分析

本文利用DID方法评估长江经济带战略对区域经济发展的影响，最终评估结果见表4。表4中的模型1不包括控制变量。在模型1的基础上，逐步加入控制变量得到模型2~7。模型1和模型6分别是加入所有控制变量前后的结果。根据模型1，长江经济带战略项（$treated_t \times year_i$）的系数为0.246，在5%的水平下显著；加入所有控制变量后（模型6），系数为0.20，在1%的水平下显著。对比模型1和模型6的回归结果可以发现，在加入控制变量后交互项（$treated_t \times year_i$）系数变化不大，说明匹配变量选取较为恰当，PSM结果稳定。由表4可知，无论是否加入控制变量，长江经济带战略的实施均显著促进了区域经济的发展。该结果表明，长江经济带战略的实施取得了一定成效，促进了整个区域经济发展水平的提高。

此外,控制变量都会显著促进经济高质量发展。固定资产投资可以改善地区投资、营商的基础条件,为经济发展提供动力[19];教育通过人文环境的创设和创新学识的培育为经济活动提供道德和文化基础,拉动内需;工业化进程和产业高级化以科技产业的进步和创造者能力素质的提高推进经济发展;政府支出通过产业链传导,可在一定程度上改善居民消费水准,间接推动经济高质量增长。

表 4　长江经济带战略对区域经济发展影响的回归结果

	Mod1	Mod2	Mod3	Mod4	Mod5	Mod6
did	0.246**	0.273***	0.21***	0.207***	0.203***	0.20***
	(2.09)	(2.80)	(3.22)	(3.22)	(3.28)	(3.10)
产业结构		2.619***	7.03***	5.165***	5.344***	5.896***
		(11.15)	(19.64)	(10.27)	(13.86)	(12.74)
工业化程度			6.074***	4.572***	4.462***	4.596***
			(11.45)	(10.27)	(10.31)	(10.65)
教育水平				33.11***	27.142***	24.270***
				(8.45)	(6.27)	(5.49)
政府规模					−0.334***	−0.539***
					(−4.37)	(−4.58)
固定资产投资水平						0.274**
						(2.54)
常数项	10.390 2	9.303	4.582	5.498	5.669	5.290
样本量	341	341	341	341	341	341

注:***、** 和 * 分别表示 0.01,0.05 和 0.1 的显著性水平,括号内数值为 t 值。其中标准误差进行了 Robust 处理。资料来源:作者利用 Stata 软件计算。

4.4　平行趋势检验和随机性检验

本文利用双重差分模型得出了长江经济带战略对沿江区域经济发展具有显著正向推动作用的基本结论。然而,以上双重差分法估计结果无偏的前提条件是处理组和控制组之间需要满足平行趋势假设,即处理组和对照组在事件发生之前应有相同的变动趋势,否则双重差分法会高估或者低估事件发生的效果。对本文而言,要确保结果可靠,在长江经济带战略实施之前,各个省份之间的发展趋势必须具有一致性和稳定性。为解决这一问题,本文以各省份 2014 年之前 lnp gdp 平均值的演变趋势进行判断[20],结果显示(图 2),2014 年之前,尽管对照组和对照组

lnp gdp 平均值存在一定的差异,但两者之间的差异保持相对稳定性,即演变趋势是一致的,进一步实证(图 3),结果发现系数在政策前在 0 附近波动,而政策后一年系数显著上升到 2 以上,这说明实验组和控制组的确是可以进行比较的,而政策效果在战略实施后显著。因此,可以认定在长江经济带战略实施之前,处理组和对照组发展趋势是一致的,具有稳健性,满足双重差分空间自回归模型的基本使用条件,说明了本文的研究具有较高的可信度。另外,双重差分空间自回归模型的使用还必须满足随机性的要求[21],当前长江经济带战略并不涵盖所有临近长江流域的省份,而是在上、中、下游均有布局,即区域经济增长是由长江经济带战略推动的。

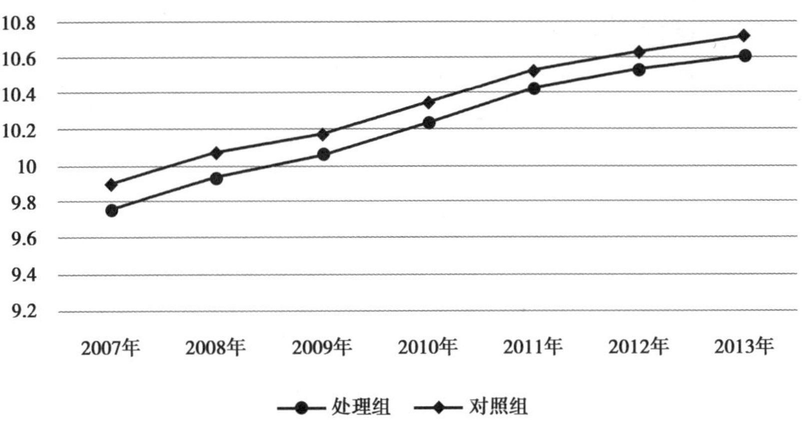

图 2　2007—2013 年处理组和对照组 lnp gdp 取均值

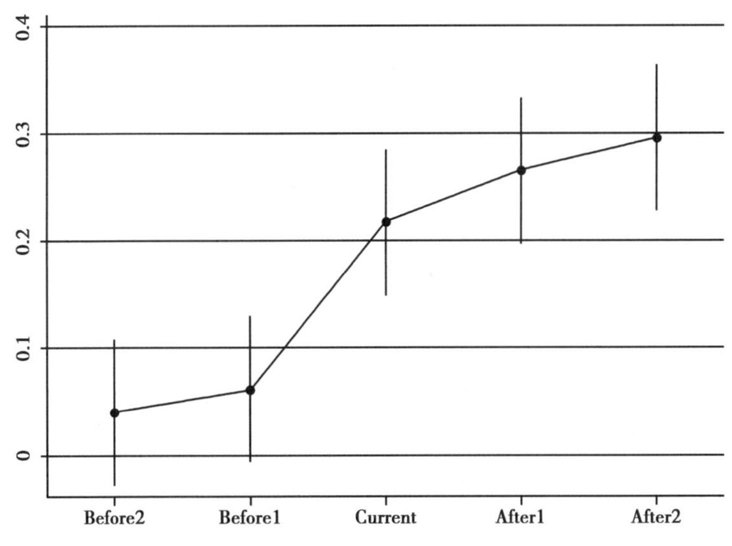

图 3　2013—2017 年处理组和对照组平行趋势检验

4.5 反事实检验

简而言之,区域经济增长除了长江经济带战略实施的驱动外,可能还会受到其他因素的影响,若这些因素影响经济增长效应的差异较大,必然会导致本文结论的偏误。为了进一步验证结果的稳健性,借鉴刘瑞明等[22]的做法,通过将长江经济带战略实施提前或推迟1年来展开反事实检验,如果检验结果中,系数全部显著影响,显示区域经济的增长受到了其他因素的冲击,而非单纯地由长江经济带战略推动,即研究结果存在一定偏误;反之说明区域经济增长的动力主要是由长江经济带战略推动的,也就能够验证本文的研究结果具有稳健性。从提前1年实施战略的双重差分回归结果来看,lnp gdp 所对应的系数分别为0.204,显著性水平仅为10%,这说明推动经济增长的主要驱动因素是长江经济带战略,而并非其他因素,具有一定稳健性。同理,滞后1年回归结果,lnp gdp 所对应的系数分别为0.245,显著性水平同样仅为10%,更表明了长江经济带战略是推动经济发展的主要推手。

表 5

类型	被解释变量	系数	S.Err.	$\|t\|$	$P>\|t\|$
战略实施提前一年	lnp gdp	0.204	0.114	1.79	0.074*
战略实施推后一年	lnp gdp	0.245	0.131	1.86	0.063*

注:* $p<0.1$。

5 结论和启示

本文基于2007—2017年中国31个省级行政区的面板数据,运用DID方法,实证检验了长江经济带战略的实施对区域经济发展的影响。结果表明:长江经济带战略的实施显著促进了区域经济的发展,同时,本文还对研究结果进行了稳健性检验,发现长江经济带战略的实施促进沿江地区经济的发展的结论依然成立。

本文的研究结果对长江经济带战略的实施成效有一定的反馈价值。因此,本文提出:第一,长江经济带的建设需要政策引导,同时发挥其资源配置能力,加大财政支持力度,探索建立一系列跨区域协调发展机制,以统筹安排协同长江经济带发展,主动引导各省市加强合作交流,改变各自为政、各图其利的发展态势,推动长江经济带统筹一体化发展。第二,将推动长江经济带发展与深度融入"一带一路"建设、促进中部地区崛起等其他国家战略有机衔接,与创新驱动、脱贫攻坚、乡村振兴统筹推进。第三,要强化生态保护修复,高水平建设"绿水青山",构建长江重要生态屏障,提升科技创新绿色发展,加强产业生态化的建设。

参考文献

[1] 虞孝感,王磊,杨清可,等.长江经济带战略的背景及创新发展的地理学解读[J].地理科学进展,2015,34(11):1368-1376.

[2] 周德全,真虹."长江经济带"战略对长江航运的带动效应分析[J].经济研究参考,2015(57):43-47.

[3] 肖琳子.长江经济带绿色发展:战略意义、概念框架与目标要求[J].经济研究导刊,2018(33):57-59+61.

[4] 蒋媛媛.长江经济带战略对长三角一体化的影响[J].上海经济,2016(02):50-73.

[5] 朱丽萌,张永林.长江经济带的经济影响力与空间差异[J].中国井冈山干部学院学报,2015,8(03):132-139.

[6] 袁丽梅.长江经济带国家战略给曲靖带来的机遇探析[J].知识经济,2015(14):30-31.

[7] 汪发元,郑军,裴潇,等.长江经济带市场潜能、城镇化与经济发展关系的实证分析[J].统计与决策,2019(10):142-145.

[8] 黄森,呙小明.高质量发展视角下长江经济带区域发展模式比较研究——基于多元空间经济模型[J].重庆大学学报:社会科学版,2020,26(01):1-18.

[9] 任洁.长江经济带制造业集聚对经济增长的影响研究[D].重庆:重庆工商大学,2017.

[10] 王玉燕,汪玲.长江经济带产业分工变化及其影响因素研究[J].商业研究,2018(03):123-131.

[11] 郭湖斌,邓智团.长江经济带区域物流与区域经济耦合协调发展研究[J].当代经济管理,2019,41(05):41-48.

[12] 林毅夫,刘培林.中国的经济发展战略与地区收入差距[J].经济研究,2003(3):19-25.

[13] 黄新飞,杨丹.产业转移促进区域经济协调发展了吗——基于广东省县域数据的断点回归分析[J].国际经贸探索,2017(2):101-112.

[14] 随洪光.外商直接投资与中国经济增长质量提升——基于省际动态面板模型的经验分析[J].世界经济研究,2013(7):67−72.

[15] 刘燕妮,安立仁,金田林.经济结构失衡背景下的中国经济增长质量[J].数量经济技术经济研究,2014(2):20-35.

[16] 张月友,董启昌,倪敏.服务业发展与"结构性减速"辨析——兼论建设高质量发展的现代化经济体系[J].经济学动态,2018(2):23-35.

[17] 王弟海,陈理子,张晏.我国教育水平提高对经济增长的贡献——兼论公共部门工资溢价对

我国教育回报率的影响[J].财贸经济,2017,38(09):129-145.

[18] 张丹.我国地方政府支出与经济增长的关系研究[D].大连:东北财经大学,2010.

[19] 茹少峰,周子锴.西部大开发20年的政策净效应与西部地区经济高质量发展——基于PSM-DID方法检验[J].陕西师范大学学报:哲学社会科学版,2019,48(04):63-75.

[20] 陈凡,韦鸿,童伟伟.承接产业示范区能够推动经济发展吗?——基于双重差分方法的验证[J].科学决策,2017(3):68-94.

[21] 张军,闫东升,冯宗宪,等.自由贸易区的经济增长效应研究——基于双重差分空间自回归模型的动态分析[J].经济经纬,2019,36(04):71-77.

[22] 刘瑞明,赵仁杰.国家高新区推动了地区经济发展吗?——基于双重差分方法的验证[J].管理世界,2015(08):30-38.

收稿日期:2020年3月20日。

基金项目:中央高校基本科研业务费项目(2018CDXYJG0047);

重庆大学工程财务系列课程教学团队建设项目(02040011110002)。

作者简介:单雪芹,重庆大学管理科学与房地产学院副教授,研究方向为宏观经济管理与可持续发展、企业经济;

李美瑶,重庆大学管理科学与房地产学院硕士研究生,研究方向为房地产经济;

沈士为,重庆大学管理科学与房地产学院硕士研究生,研究方向为城市与房地产经济、项目投资和融资。

高铁机车供应商国际竞争优势的影响因素分析

邓小鹏[1],杨　帆[2],张　娜[1],牛衍亮[3]

(1.东南大学 土木工程学院 南京 211189;2.南京华铎房地产开发有限公司 南京 211189;
3.石家庄铁道大学 经济与管理学院 石家庄 050043)

摘　要:高铁机车供应商作为高铁建设的重要参与者,对其国际竞争优势的研究有助于推动中国高铁的国际化进程。本文通过文献综述结合高铁机车供应商的特点,从6个维度识别出影响高铁机车供应商国际竞争优势的20个因素,并针对其影响程度进行问卷调查。然后根据问卷调查数据利用结构方程模型进一步验证分析高铁机车供应商国际竞争优势的关键影响因素。结果显示,影响高铁机车供应商国际竞争优势最关键的因素类别是“管理能力”和“国际适应能力”,同时“社会形象”和“核心技术”较为重要,影响程度最低的是“经营绩效”。最后选取5家高铁巨头企业进行对比分析,旨为高铁机车供应商国际竞争优势的提升提供参考依据。

关键词:高铁机车供应商;国际竞争优势;影响因素;结构方程模型

中图分类号:F742　　　　　　　　**文献标识码:**A

Analysis of the International Competitive Advantage Influencing Factors for High-speed Rail Rolling Stock Suppliers

DENG Xiaopeng[1]; YANG Fan[2]; ZHANG Na[1]; NIU Yanliang[3]

(1.School of Civil Engineering, Southeast University, Nanjing 211189; 2.Nanjing Huasheng Real Estate Development Co., Ltd. Nanjing 211189; 3.School of Economic and Management, Shijiazhuang Tiedao University, Shijiazhuang 050043)

Abstract: High-speed railway (HSR) rolling stock suppliers is an important participant of HSR construction projects. Research on its international competitive advantage would push the internationalization progress of Chinese HSR product. We identified 20 variables affecting the international competitive advantages from six dimensions through a comprehensive literature review. Then a questionnaire survey was conducted to assess the importance of each variable. After that, a confirmatory factor analysis was carried out to validate the variable classification by using the structural equation model. And the result reveals that management ability is the most important factor affecting the international competitive advantage of rolling stock suppliers, international adapting ability, social image, core technical, social capital following up in order. Whereas, the factor economic performance is the least important factor. Finally, to evaluate the international competitive advantage, 20 variables were quantified, and five giant rolling stock suppliers were selected as a case study. The findings of this paper would contribute the HSR rolling stock suppliers to understand the sources of international competitive advantage and provide a guidance for their improvement of competitive advantage.

Key words: HSR rolling stock suppliers; Competitive advantage; Structural equation model

0 引 言

对于高铁项目而言,其建设过程大致可分为土建及轨道工程、机车购置和配套设备3个部分。其中,土建及轨道工程占比40%~60%(包括轨道采购与铺设,桥梁、隧道、车站的建设);机车购置占比10%~15%(包括铁路机车、车辆的整车和配件),配套设备占比25%~40%(包括通信、信号及信息工程、电力及电力牵引供电等)。虽然机车购置所占比重最少,却是毛利率最高的环节[1]。多年来,一些掌握高铁先进技术的老牌企业,如西门子、庞巴迪、阿尔斯通、川崎重工等一直在国际高铁机车供应市场中占据优势地位。随着国内高铁的建设投资不断增加以及对国外先进技术的引进吸收,中国高铁的机车制造水平虽然得到了快速提升,但却在国际市场竞争中屡受挫败。因此,如何使高铁机车供应商在国际市场中赢得和保持竞争优势成为业界和学术界共同关注的重要课题。但是,现阶段国内外对高铁的研究大部分集中在高铁技术应用及风险控制方面。随着"一带一路"倡议的推进,国内的研究开始出现一系列关于中国高铁"走出去"所面临的挑战和机遇的讨论,但这些研究大多缺乏深入研究。本文旨在将高铁机车供应商与竞争优势理论相结合,通过对高铁机车供应商国际竞争优势的研究,指出影响高铁机车供应商国际竞争优势的关键因素。

1 高铁机车供应商国际竞争优势影响因素识别

1.1 影响因素筛选与识别

Porter[2]提出企业竞争优势是企业在有效的“可竞争市场”上向消费者提供具有特定价值的产品或服务的过程中,表现出的超越竞争对手、并能在特定时间段内取得市场主导权和高于其所在产业平均盈利水平的属性或能力。对于高铁机车供应商而言,其竞争优势是指企业在市场竞争环境中,依靠其资源、能力、产品、服务等降低成本或提升商业声誉等途径赢得相对于同行业其他企业更多的市场份额,或占据更高的竞争地位。经过长时间的研究,竞争优势出现了诸多理论学派及研究,从竞争优势的产生来源角度出发的主要有以 Porter(1980)为代表的企业能力观(Competence-Based View, CBV),以 Barney(1993)为代表资源基础观(Resource-Based View, RBV),以及后期延伸和发展出来以 Teece(1997)为代表的动态能力观(Dynamic Capabilities Perspective,DCP)。

Ansoff & Mcdonnell[3]在分析企业的产品价值创造过程时,通过企业的各个职能分工剖析企业内部的资源和能力特性,并按照企业各职能特点划分为研发、运营生产、市场营销、日常管理 4 个方面。本文结合高铁机车供应商的资金密集和技术密集的特性以及国际竞争的特殊性,从运营能力、核心技术、国际适应能力、社会资本、社会形象及经营绩效 6 个方面对高铁机车供应商的国际竞争优势影响因素进行筛选,结果见表 1。

表 1 高铁机车供应商国际竞争优势影响因素

因子	因素	指标来源
A 管理能力	A1 供应链管理能力	R Singh[4], S Li[5]
	A2 信息搜集及处理能力	S Takeshi[6]
	A3 知识管理	LT Ndlela[7], L Argote[8]
	A4 经验挖掘	S Bhandari[9], W Liu[10]
	A5 服务化程度	S Vandermerwe[11], T.S. Baines[12]
B 核心技术	B1 自主研发能力	MM Menke[13], BW Lin[14]
	B2 技术吸收能力	LFD Silva[15], O Narasimhan[16]
	B3 智能制造水平	G Jardim[17], CF Chien[18]
	B4 技术可靠性	Kolowrocki K[19]

续表

因子	因素	指标来源
C 国际适应能力	C1 快速应变能力	DY Li[20]
	C2 市场拓展能力	DW Vorhies[21], RT Rust[22]
	C3 国际或行业认证	MA Noriah[23], MT Farinha[24]
	C4 企业国际化程度	N Pangarkar[25], WC Yeung[26]
D 社会资本	D1 人力资本	Pfeffer J[27], Lado AA[28]
	D2 关系资本	HM Hung[29]
	D3 融资能力	Z Yang[30], 于腾群[31]
E 社会形象	E1 文化多元性	G Sadri[32], S Mahrokian[33]
	E2 品牌影响力	B Sweeney[34]
F 经营绩效	F1 成本管理能力	Elutela DF[35]
	F2 持续盈利能力	Gunhans[36]

1.2 指标解释

1.2.1 管理能力

管理能力是企业将内部自身资源及外部资源加以整合利用,利用最少的资源高效地实现产品商业化的能力。具体来说,运营管理包含从研发到生产再到营销的一系列计划管理工作,将组织结构、产品生产、供应链资源整合及组织资源共享等方面视为密切联系的关系,利用企业内外部资源,在企业运作管理过程中实现产品价值化。高铁机车供应商与传统制造企业相类似,竞争优势必须是长期的可持续的,而不应该只重视短期效益。长期的竞争优势应该专注于企业的核心能力,提高管理效率,并与国际接轨,从而为企业获得更多的价值,在市场中赢得竞争优势[37]。

1.2.2 核心技术

高铁机车供应商是一种技术密集型企业,而此类企业主要以技术实力为市场竞争优势,表现为技术的可靠性及安全性。技术实力作为高铁产业的核心层,在竞争市场中起到决定性作用。中国高铁的技术就是在先后吸收加拿大庞巴迪、日本川崎重工、法国阿尔斯通、德国西门子等国际巨头企业的核心技术后,再加以自主创新获得核心技术实力,成为拥有自主产权和技术出口的居国际领先地位的国家。高铁的核心技术不仅为企业在国际竞争中提供了技术优势,还为企业带来了技术转让的利润，许多国家为了获得高铁制造核心技术，除了支付购买机车的费用外，还要支付高昂的技术转让费用，如中泰高铁合作项目中不仅有硬件合作，也有技术转让等方面的软件合作。

1.2.3 国际适应能力

从第一条新干线的开通运营至今，高铁市场已经日趋向全球化发展，世界各国高铁修建的招标都是面向全球各个拥有技术实力的国家，如新马高铁项目招标引来日本、中国、韩国和欧洲的企业参与竞标。在国际市场竞争中，仅仅满足本国的需求及经验是远远不足以在国际竞争中获得优势的。如 2015 年 6 月，中国为了避免中国南车和中国北车对海外订单的恶意竞争，将中国南车与中国北车合并重组为中国中车这一单独企业以提升国际竞争力。2017 年 10 月，为了应对中国中车在欧洲市场造成的威胁，德国西门子(Siemens AG)与法国阿尔斯通(Alstom SA)的交通部门合并，使这两家公司的规模和实力得到了较大程度的增强，提高了双方的国际竞争力。

1.2.4 社会资本

社会资本的概念是由资本概念不断泛化而形成的，随着 20 世纪 50 年代“人力资本”概念的产生，资本的概念在不断地广泛拓展，成为可以为企业带来价值的一切资源。从社会资本的构成来看，社会资本实力包括两个方面：一是内部社会资本，一是外部社会资本。内部社会资本是存在于企业内部的，有利于推动企业内部人员的信任与合作，促进企业各个部门间的沟通协调，从而增强企业内部凝聚力的人际关系网络。外部社会资本即企业外部存在的，有利于企业获取外部资源的社会关系网络，包括企业与当地政府间、上级领导部门间及下属企业部门间或供应链上下游企业间的纵向关系，企业与其他企业、金融机构、中介组织之间的横向关系。高铁机车供应商长期积累的社会资本有助于企业从外部环境获得企业生产运营所需要的信息、技术、人力、财力等资源，从而提高企业的国际竞争优势。

1.2.5 社会形象

企业的社会形象是指企业在运营的过程中对市场的外在表现形式，以此来显示企业把社会问题纳入了内部运营流程与利益相关者的互动过程之中。社会表现为企业带来经济及社会两个方面的价值。经济价值易于测量，是一种形象的、具体的价值，体现在企业的动态经营过程；社会价值是一种抽象的价值，具体表现为企业的相关利益者的认可。社会形象的具体内涵在于动态地体现企业在不同的经济背景、文化传统的社会环境下与各方利益相关者之间的关系模式,经济价值与社会价值互相关联,同时对企业竞争优势产生影响。高铁机车供应商在国际市场竞争的经营中必须获得国际市场的认可才能维持其竞争优势,社会声誉会影响大多数企业选择合作伙伴及交易对象,如自中国"7・23甬温线特别重大交通事故"发生后,社会上产生了很多有关中国高铁的负面消息,对中国高铁企业向海外扩展国际业务增加了障碍,这意味着企业的社会形象会直接影响国际关联业务企业的选择。

1.2.6 经营绩效

在市场竞争中,企业的竞争优势最终的表现形式是企业经营状况,经营绩效是企业目前的财务状况和未来盈利能力的综合体现,能够直接用来衡量企业的生存和发展状况。企业经营绩效在学术界往往被狭义地认为是企业财务绩效,而本文中的绩效不仅包括企业财务方面的表现,也包括市场方面的表现及组织内部的表现。如我国高铁装备制造在国际竞争中的一大核心优势是成本优势,据统计,我国的高铁制造成本只占其他国家高铁制造成本的2/3,这是由于我国劳动力成本比发达国家低并可以针对国际上不同的需求实现标准化生产以降低资金成本提高利润率。

2 研究方法

2.1 结构方程模型建立

模型分析的数据收集采用问卷方式,以管理能力、核心技术、国际适应能力、社会资本、社会形象、经营绩效6个因素为内部潜在变量,高铁机车供应商国际竞争优势为外生潜在变量,20个具体的指标作为观测变量即可建立如图1所示的概念模型。

2.2 数据收集与处理

问卷主要分为两部分:第一部分是对问卷的基本情况说明,介绍了研究项目及课题的基本信息,其目的是让被调查对象明确本次研究的内容及意图;第二部分包括两个小部分,分别是受访人员的基本信息调查和每个因素的重要性打分。首先,受访人员的基本信息调查包括工作单位类别、具体从业岗位、从事工作的国家和地区及相关工作年限,其次是问卷的核心内容——基于本文识别的高铁机车供应商国际竞争优势的影响因素,采用Likert的五刻度评分法对每个影响因素进行评价,这种方法要求填写问卷者基于自身的经验及知识主观判断影响高铁机车供应商国际竞争优势的各个因素的强弱程度，对每个因素的影响强弱程度进行 1～5 分打分，1 分表示影响程度弱，2 分表示影响程度较弱，3 分表示影响程度一般，4 分表示影响程度较强，5 分表示影响程度强。另外，将一些含义模糊的因素指标进行简短的解释，确保每一位填写问卷者对这些因素能理解清晰。

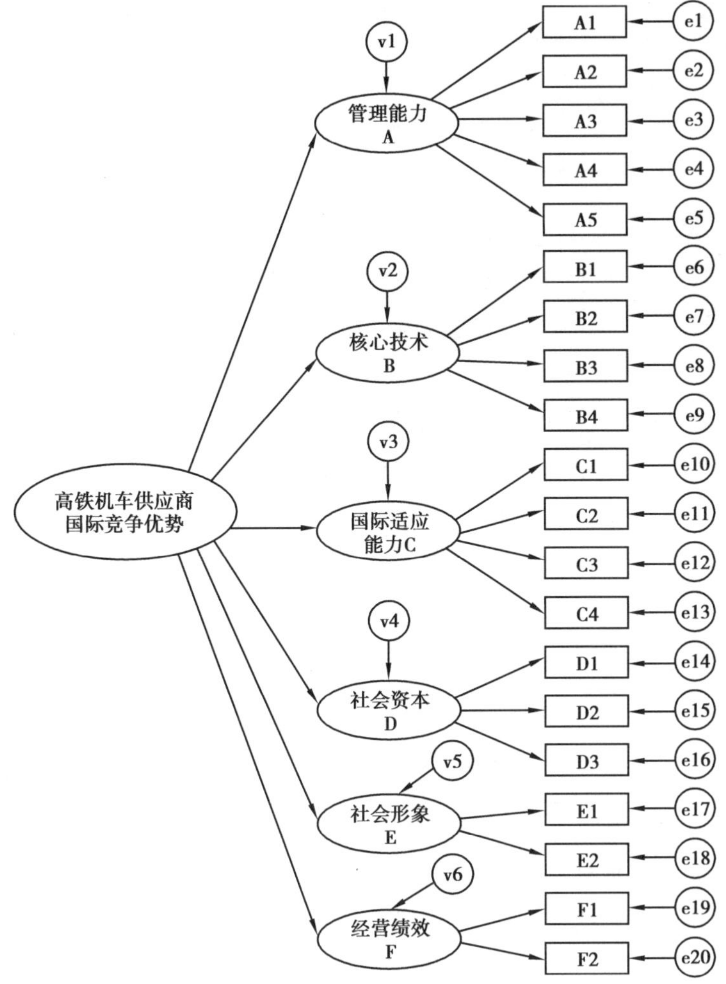

图 1　高铁机车供应商国际竞争优势影响因素概念模型

问卷调查以高铁相关领域的从业人员和国内外研究企业竞争优势及高铁的学者为调查对象，共发放调查问卷 554 份，回收问卷 175 份，其中有效问卷 163 份。在这 163 份有效问卷中，23 份来自学界，140 份来自业界，具体情况见表 2 及表 3。

表 2 问卷调查对象工作经验统计

工作经验/年	<5	5~10	11~15	16~20	>20
学术人员/%	17.39	21.30	26.09	21.33	26.09
从业人员/%	32.86	28.57	17.86	11.43	9.28
全部/%	30.67	26.99	19.02	12.67	11.04

表 3 问卷基本信息统计

来源	内容	频数	百分比/%
学术界	高校及研究机构	23	14.11
	其中:教授/研究员	8	34.78
	副教授/副研究员	8	34.79
	助理教授/讲师	7	30.43
产业界	整车制造及零配件制造企业	79	48.46
	工程承包、咨询、材料、设备企业	61	37.42
	其中:高级管理人员	31	22.15
	部门经理	48	34.28
	项目经理	36	25.72
	其他	25	17.85

表 4 样本数据描述性统计

编码	指标名称	偏度	峰度	均值	标准差
A1	供应链管理能力	−0.837	0.276	3.920	0.819
A2	信息搜集及处理能力	−0.290	−0.648	3.814	0.879
A3	知识管理	−0.417	0.058	3.753	0.834
A4	经验挖掘	−0.302	−0.494	3.741	0.860
A5	服务化程度	−0.485	0.181	3.648	0.935
B1	自主研发能力	−0.675	−0.546	4.175	0.792
B2	技术吸收能力	−0.427	−0.779	4.113	0.804
B3	智能制造水平	−0.432	−0.799	4.006	0.895
B4	技术可靠性	−0.865	0.092	4.259	0.808
C1	快速应变能力	−0.564	0.217	3.926	0.838

续表

编码	指标名称	偏度	峰度	均值	标准差
C2	市场拓展能力	-0.848	1.375	4.000	0.811
C3	国际/行业认证	-0.837	0.276	4.056	0.941
C4	企业国际化程度	-0.226	-0.635	3.784	0.924
D1	人力资本	-0.180	-0.226	3.586	0.900
D2	关系资本	-0.004	-0.712	3.630	0.870
D3	融资能力	-0.252	-0.436	3.741	0.895
E1	多元文化性	-0.396	-0.232	3.429	1.038
E2	品牌影响力	-0.552	-0.569	4.130	0.899
F1	成本管理能力	-0.808	0.129	4.062	0.917
F2	持续盈利能力	-0.690	0.450	3.988	0.834

在数据分析之前，首先进行问卷的信度和效度检验，样本总体的 Cronbach's Alpha 值为 0.892>0.8，表示问卷的信度可以接受；样本数据 KMO 值为 0.833，大于 0.5，Bartlett 球形检验结果，χ^2 值为 1 459.685，*df* 值为 276，Sig.值为 0.000，满足小于 0.05 的要求，拒绝了相关系数矩阵为单位矩阵的假设，说明问卷统计数据已达到显著水平，样本数据具有很好的效度[38]。

在进行结构方程模型分析前，应检验观测数据的正态性，本文利用统计数据的偏度和峰度检验法检验。统计结果见表 4，所有变量的偏度值都是负数，且均小于 1，说明观察数据的分布形态接近于正态分布，而在峰度指标中，除了 C2 这一个变量指标大于 1 外，其余所有变量的峰度指标的绝对值均小于 1，说明数据分布的陡峭程度接近于正态分布。综上，可以认为观察变量的数据分布呈正态分布，适合结构方程模型分析。

3 模型拟合与讨论

本文采用 AMOS21.0 软件进行二阶验证性因子分析，用于检验假设的测量变量与潜在变量间关系的正确性，并根据路径系数判断各个测量变量对潜在变量的解释程度。假设模型与样本数据是否适配需要通过一些适配度指标进行验证，常用的绝对拟合指数要求有 CMIN/DF（卡方与自由度比值）<3、RMSEA（近似误差均方差）<0.1；简约指数要求有 PNFI（简效拟合优度指数）>0.5；相对指数要求有 CFI

(比较拟合指数)>0.9、IFI(增值适配指数)>0.9。模型拟合结果见表5和图2,表5显示所有拟合指数均在合理范围内,说明模型整体拟合程度良好。

表5 初始模型拟合度指数

绝对拟合指数		简约指数		相对指数	
CMIN/DF	RMSEA	PNFI	PGFI	CFI	IFI
1.763	0.069	0.657	0.668	0.932	0.930
<3	<0.1	>0.5	>0.5	>0.90	>0.90

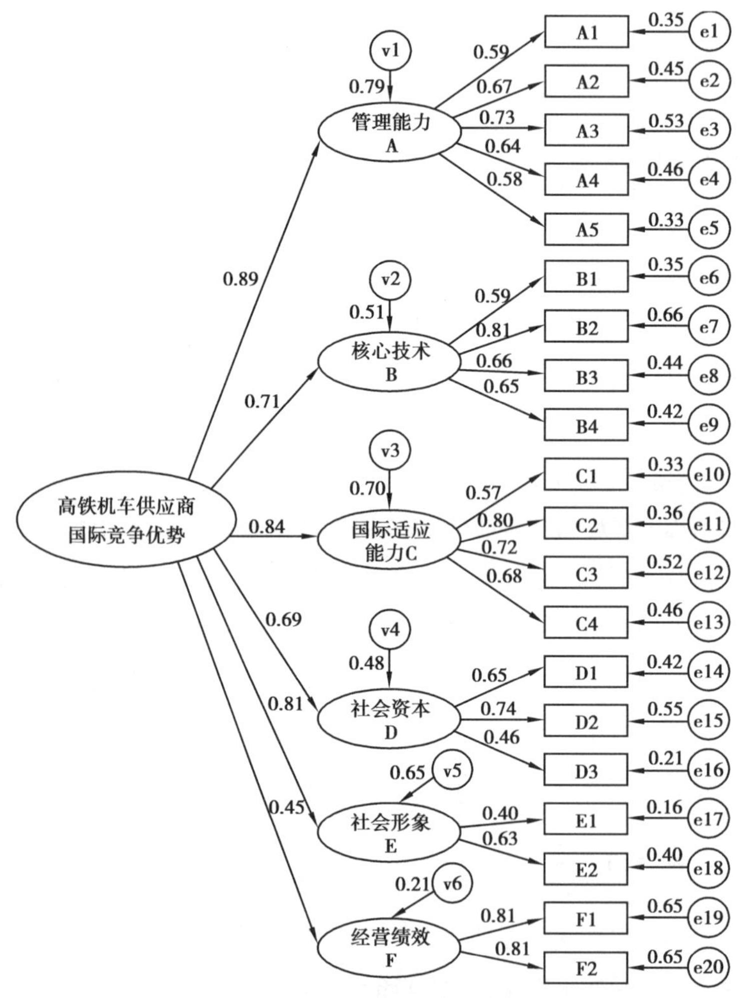

图2 二阶验证性因子分析结果

从高铁机车供应商国际竞争优势与其6个影响因子之间的路径系数可以看出,影响高铁机车供应商国际竞争优势最关键的因素是“管理能力”(0.89)和“国际适应能力”(0.84),同时“社会形象”(0.81)和“核心技术”(0.71)较为重要,影响程度最低的是“经营绩效”(0.45)。

在“管理能力”的维度中,最关键的影响因素是“知识管理”,其因子载荷为0.73,说明知识管理的水平更能体现运营管理能力的强弱。高铁设备制造属于高科技含量的产业,产品的技术含量、生产过程中的工艺手段、设备操作、企业研发人员及技术人员的知识技能水平均体现了企业的知识存量,知识以一种属性依附于产品或服务中。在高铁设备制造行业中,企业的发展依赖于技术和知识的积累与创新,知识管理是高铁机车供应商保持竞争优势的基础。

在“核心技术”的维度中,因子载荷最大的是“技术吸收能力”,其因子载荷为0.81,说明技术吸收能力在这个维度中最为重要。正如早期中国从国外引进高铁技术,国际上大部分高铁制造企业一开始并不具备制造技术,需要通过学习外部知识后消化吸收转化为自身的知识技术。需要指出的是,技术吸收不仅是学习先进技术,更重要的是通过引进消化吸收再创新,形成拥有自主知识产权的技术。

在“国际适应能力”维度中,最关键的影响因素是“国际/行业认证”,其因子载荷为0.71,说明国际或行业认证对国际市场表现的影响最大。在任何一个行业领域,标准的制定者往往是该领域的龙头企业,它们占据了绝对的技术垄断优势。行业的技术标准是技术规范化的体现,国际铁路联盟(UIC)与国际标准化组织(International Organization for Standardization, ISO)建立合作,同时与一些组织及协会签署协议,旨在制定全球铁路国际标准,目前国际上欧美日等铁路企业进入国际市场较早,大部分国际标准由其主导[39]。获得国际标准认证是企业开拓国际市场的制高点,将企业核心关键技术与国际标准结合可以为企业获得较大比例的市场份额。

在“社会资本”维度中,最关键的因素是“关系资本”,其因子载荷为0.74,说明关系资本的实力最能体现社会资本实力。企业的关系资本是指企业同顾客、供应商、中间商、竞争者、政府、员工等这些利益相关者之间的关系,在当今超竞争时代,企业单靠自身资源与实力已经很难应对市场竞争,企业与这些利益相关者之间的合作有利于关系共同体创造更高的价值。正如中国中车与美国密歇根大学联合建设研发中心,与同济大学等9所高校联盟形成191校企联盟等,关系资本使企业能够有效地利用多方资源,促进企业竞争力的提升。

在“社会形象”维度中,最关键的因素是“品牌影响力”,其因子载荷为0.63,说明品牌影响力的强弱在很大程度上体现了社会公众形象的好坏。企业的品牌影响力具有驱动消费者对企业的产品和服务产生某种认知、评价和行为意愿的效应，在国际高铁竞争市场中，许多拥有高铁技术的国家都先后建立起了个性鲜明的高铁品牌形象，各国将本国高铁特征元素转化为品牌力，在国际市场宣传中，不断提升自身的知名度和美誉度，使品牌软实力成为高铁竞争优势的重要因素，如日本新干线打造的“安全性”、德国 ICE 推崇的“环保实用”、法国 TGV 实施的“高技术”、欧洲之星提倡的“人性化服务”等。

在“经营绩效”维度中，最关键的因素是“成本管理能力”，其因子载荷为 0.81，说明成本管理能力在很大程度上决定经营绩效水平。当产品间的差异性缩小时，企业之间的竞争很大程度上会变成价格的竞争，高铁项目竞争也是如此，正如中国与日本新干线竞争印度尼西亚高铁时，中国与日本的技术在质量方面相差并不太大，中国主要是凭借低廉的价格与成本击败日本从而赢得 745 亿元人民币的订单。成本领先的企业有能力将产品的价格始终维持在产业最低，依靠较强成本管理能力能够良好应对竞争对手的降价行为，避免竞争对手在价格上占据任何优势。

4 国际大型高铁机车制造企业国际竞争优势对比评价

根据文献综述，提取出各个指标合理的测量标准，为高铁机车供应商国际竞争优势的评价指标确定了具体的评价标准，见表 6，各指标权重可由各变量的路径系数归一化处理得到，最后选取目前国际上五大高铁巨头企业进行评价，分别是中国中车、庞巴迪、西门子、阿尔斯通、川崎重工，其数据一部分来源于企业年度报告、半年度报告以及公司官网所公布的公司公告，另一部分来源于专家调查。

通过 Osiris 数据库及各公司网站的公开资料查找各个公司公布的最新数据信息，对各个影响因素指标进行定量计算及整理，利用综合评价方法进行 5 个企业的国际竞争优势评价分析。根据 5 家企业各个因子的综合得分情况，画出高铁机车供应商国际竞争优势影响因素分布的雷达图。首先画出半径分别为 0.2、0.4、0.6、0.8、1.0 的 5 个同心圆，并将整个圆周 6 等分，画出从圆心出发的各等分半径，从圆心出发到各个点的距离代表各指标的得分，如图 3 所示。

雷达图中闭环面积即表示各个企业的综合竞争优势，面积越大代表企业的综合竞争优势越强。从综合竞争优势水平来看，西门子的面积最大，位于 5 家企业之首，其次是中国中车，庞巴迪位于最末位。雷达图中顶点越趋于外侧说明某企业的

表 6　高铁机车供应商国际竞争优势评价体系

	一级指标	二级指标	具体指标层	权重/%
高铁机车供应商国际竞争优势	管理能力	知识管理	定性 X_1	4.19
		信息搜集及处理能力	定性 X_2	4.50
		经验挖掘	近三年所获高铁订单总数量 X_3	4.26
		供应链管理	订单完成率 X_4	3.65
		服务化程度	服务收入占比 X_5	3.63
	核心技术	技术吸收能力	定性 X_6	4.70
		技术可靠性	定性 X_7	3.92
		智能制造水平	定性 X_8	3.86
		自主研发能力	研发投入占营收比重 X_9	3.69
	国际适应能力	市场拓展能力	近三年平均新增市场份额率 X_{10}	4.39
		快速应变能力	定性 X_{11}	3.94
		国际/行业认证	拥有国际标准数量 X_{12}	5.66
		企业国际化程度	海外营业额指数 X_{13}	5.14
	社会资本	关系资本	关联企业数量 X_{14}	6.22
		人力资本	高技术人才数占总人数比重 X_{15}	5.47
		融资能力	资产负债率 X_{16}	4.04
	社会形象	品牌影响力	Brand Finance 咨询公司评估数据 X_{17}	10.19
		文化多元性	外籍员工占比重 X_{18}	8.26
	经营绩效	成本管理能力	成本费用利润率 X_{19}	5.41
		持续盈利能力	企业前三年平均利润增长率 X_{20}	4.84

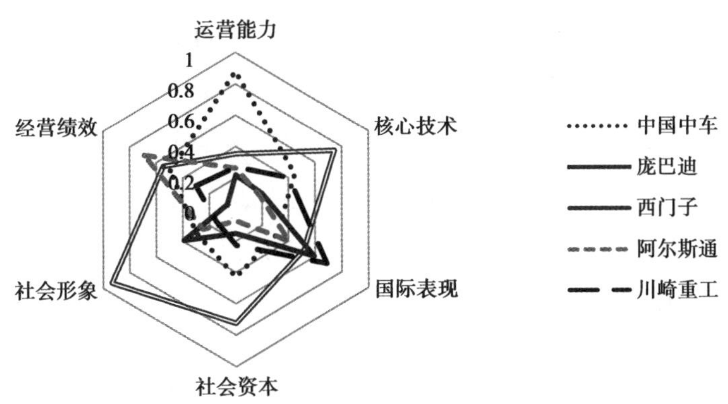

图 3　5 家企业各类指标得分雷达图

某项指标越优。从竞争优势的各项指标来看,中国中车的管理能力最强,其次是西门子,庞巴迪、阿尔斯通、川崎重工这三者的管理能力较弱且相差不大。核心技术方面,西门子处于领先地位,拥有较多的国际标准和专利,重视研发投入,中国中车和川崎重工其次,庞巴迪和阿尔斯通最弱。在国际适应能力和经营绩效上各企业的竞争优势相差不太大,但庞巴迪的经营绩效相对较差,这与其近几年利润降低有关。社会资本和社会形象方面,西门子占据绝对的优势地位,其他 4 家企业与其相差较大,这是因西门子是一家老牌综合型电气企业,具有较多的社会资源。

从各个企业的评价指标来看,西门子在核心技术、社会资本、社会形象这 3 个方面占有绝对的领先地位,与其他 4 家企业拉开了很大差距,在管理能力、国际适应能力及经营绩效这 3 个方面处于中等水平;中国中车仅在管理能力方面占据绝对优势,但在其他 5 个方面都处于平均水平,尤其是在国际适应能力方面最为薄弱,国际适应能力是中国中车应该重点考虑提升的一个环节。川崎重工在国际适应能力方面领先于其他 4 家企业,但其他方面都处于相对弱势地位。庞巴迪在经营绩效方面比其他 4 个企业略占优势,但差距不大,其他 5 个方面都处于中下水平,尤其是在社会资本方面居于最末位,在考虑竞争优势提升时应综合各方面因素进行。各个企业在提升竞争优势时应继续发扬自身的优势之处,改善和加强劣势之处。

5 结 语

通过对高铁机车供应商国际竞争优势的分析,得出影响高铁机车供应商国际竞争优势的 6 个方面因素及 20 个指标,其中 6 个关键因素分别是管理能力、核心技术、国际适应能力、社会资本、社会形象、经营绩效。本文运用结构方程模型的方法,对高铁机车供应商国际竞争优势影响因素的各个潜在变量及观测变量之间存在的路径关系进行了量化,其数据来源于问卷调查,最终识别出各个方面的关键因素分别是知识管理、技术吸收能力、国际或行业认证、关系资本、品牌影响力、成本管理能力,为高铁机车供应商国际竞争优势的提升提供一定的理论参考依据。在此基础上,选取国际高铁五大巨头企业进行对比分析,最终分析结果显示在核心技术、社会资本、社会形象方面,西门子处于领先地位;在管理能力方面,中国中车占有优势;在国际适应能力方面,川崎重工占有优势;在经营绩效方面,庞巴迪占有优势。

参考文献

[1] X Lin,Z Zhang,and M Wang.Value and governance of high-speed railway[J].Front.Eng,2017,4(4):463-482.

[2] M Porter.Competitive strategy:Techniques for analyzing industries and competitors[M].New York:Simon and Schuster,1980.

[3] H I Ansoff,E J McDonnell.The new corporate strategy[M].New York:Wiley,1988.

[4] R Singh,H S Sandhu,B A Metri,et al.Supply Chain Management Practices,Competitive Advantage and Organizational Performance: A Confirmatory Factor Model [J]. International Journal of Information Systems & Supply Chain Management,2015,7(2):22-46.

[5] S Li,B Ragu-Nathan,T S Ragu-Nathan,et al.The Impact of Supply Chain Management Practices on Competitive Advantage and Organizational Performance[J].Omega,2006,34(2):107-124.

[6] T Shiina. Utilizing Information for Developing Corporate Strategy [J]. Journal of Information Processing & Management,2012,30(10):871-878.

[7] L T Ndlela, A S A D Toit. Establishing a knowledge management programme for competitive advantage in an enterprise[J]. International Journal of Information Management,2001,21(2):151-165.

[8] L Argote, P Ingram. Knowledge Transfer: A Basis for Competitive Advantage in Firms [J]. Organizational Behavior & Human Decision Processes,2000,82(1):150-169.

[9] S Bhandari.Customer Experience:An Emerging Source of Sustainable Competitive Advantage[J]. Imperial Journal of Interdisciplinary Research,2016,2(7):245-254.

[10] 刘伟,梁太和,齐捧虎.体验:创造竞争优势的新价值[J].西安邮电学院学报,2007,12(6):90-93.

[11] S Vandermerwe,J Rada.Servitization of business:Adding value by adding services[J].European Management Journal,1988,6(4):314-324.

[12] T S Baines,H W Lightfoot,O Benedettini,et al.The Servitization of Manufacturing:A review of Literature and Reflection on Future Challenges [J]. Journal of Manufacturing Technology Management,2009,20(5):547-567.

[13] M M Menke.Managing R&D for Competitive Advantage[J].Research Technology Management,1997,40(6):40-42.

[14] B W Lin.Technology Transfer as Technological Learning:A Source of Competitive Advantage for Firms with Limited R&D Resources[J].R & D Management,2003,33(3):327-341.

[15] L F D.Silva,A J D H Guevara,K R Fernandes,et al.Rodrigues.The Power of Absorptive Capacity

and the Network for the Competitive Advantage[J].International Business Research,2014,7(9):260-266.

[16] O Narasimhan,S Rajiv,S Dutta.Absorptive Capacity in High-Technology Markets:The Competitive Advantage of the Haves[J].Marketing Science,2006,25(5):510-524.

[17] R Jardim-Goncalves,D Romero,A Grilo.Factories of the future:challenges and leading innovations in intelligent manufacturing[J].International Journal of Computer Integrated Manufacturing,2017,30(1):4-14.

[18] C F Chien,T Y Hong,H Z Guo.A Conceptual Framework for "Industry 3.5" to Empower Intelligent Manufacturing and Case Studies[J].Procedia Manufacturing,2017(11):2009-2017.

[19] K Kołowrocki,J Soszyńska-Budny.Reliability and Safety of Complex Technical Systems and Processes:Modeling Identification Prediction-Optimization[M].Springer Science & Business Media,2011.

[20] D Y Li,J Liu.Dynamic Capabilities,Environmental Dynamism,and Competitive Advantage:Evidence from China[J].Journal of Business Research,2014,67(1):2793-2799.

[21] D W Vorhies,N A Morgan.Benchmarking Marketing Capabilities for Sustainable Competitive Advantage[J].Journal of Marketing,2005,69(1):80-94.

[22] R T Rust,A J Zahorik.Customer satisfaction,customer retention,and market share[J].Journal of Retailing,1993,69(2):193-215.

[23] M A Noriah.Gaining Competitive Advantage in Personal Dosimetry Services through ISO 9001 Certification[J].Radiat Prot Dosimetry,2007,125(1-4):101-104.

[24] J M T Farinha,D Galar,I A Fonseca,et al.Certification of Maintenance Providers:A Competitive Advantage[J].Journal of Quality in Maintenance Engineering,2013,19(2):144-156.

[25] N Pangarkar,S Hussain.The Internationalization of Singaporean Small and Medium-Size Enterprises[M].Kluwer Academic Publishers,2005.

[26] W C Yeung.The internationalization of ethnic Chinese business firms from Southeast Asia:strategies,processes and competitive advantage[J].International Journal of Urban & Regional Research,1999,23(1):88-102.

[27] J Pfeffer.The Competitive Advantage Through People[J].California Management Review,1994,36(2):9-28.

[28] A A Lado,M C Wilson.Human Resource Systems and Sustained Competitive Advantage:A Competency-Based Perspective[J].Academy of Management Review,1994,19(4):699-727.

[29] H M Hung,S H Wu,C T Wen,et al.Competitive Advantages of Managing an Effective Social Network Structure to Stimulate Innovation from a Knowledge Management Perspective[J].

International Journal of Technology Management,2008,43(4):363-382.

[30] Z Yang,Y Shi,B Wang.Search Engine Marketing,Financing Ability and Firm Performance in Ecommerce[J].Procedia Computer Science,2015(55):1106-1112.

[31] 于腾群.中国高铁的国际化进入模式研究[J].铁道工程学报,2019,36(1):1-5.

[32] G Sadri,B Lees.Developing corporate culture as a competitive advantage[J].Journal of Management Development,2001,20(20):853-859.

[33] S Mahrokian,P Chan,P Mangkornkanok,et al.Corporate Culture:A Lasting Competitive Advantage[J].International Academy of Business and Economics,2010,10(1):14-23.

[34] B Sweeney.What Influence Does Brand Image and Brand Reputation Have Towards Achieving a Sustained Competitive Advantage in the Sports Apparel Industry?[J].Radiology,2007,240(1):263-272.

[35] D F Eluyela,J A Akomolafe,S O Ilogho.Cost Management and Performance of Manufacturing:A Study of Listed Firms in Nigeria[C].28th IBIMA Conference,Seville,Spain,2017.

[36] S Gunhan,D Arditi.Factors Affecting International Construction[J].Journal of Construction Engineering and Management,2005,131(3):273-282.

[37] 方远明.中国铁路产业国际竞争力分析[J].铁道工程学报,2007,24(11):89-93.

[38] 吴明隆,问卷统计分析实务:SPSS 操作与应用[M].重庆:重庆大学出版社,2010.

[39] 吴杰.国外高铁品牌创建方法研究[J].科技经济市场,2017(11):137-138.

收稿日期:2020 年 5 月 14 日。

基金项目:国家自然科学基金,国际高铁项目瞬时竞争优势的形成机理、动态度量及提升路径研究,项目编号:71771052;

国家自然科学基金,国际工程中政治风险的集成度量及智能决策研究:理论、实证及应用,项目编号:71372199;

江苏省研究生科研创新计划项目,国际高铁项目瞬时竞争优势的形成及度量研究,项目编号:KYCX19-0126;

河北省高等学校人文社会科学研究项目(青年拔尖人才),国际高铁联营体竞合态势度量与策略研究,项目编号:BJ2019079。

作者简介:邓小鹏(1972—),男,湖北随州,教授/博导,博士,dxp@ seu.edu.cn;

杨帆(1993—),女,江西南昌,硕士研究生,964729563@ qq.com;

张娜(1993—),女,山东菏泽,博士研究生,zhangn828@ seu.edu.cn(通讯作者);

牛衍亮(1983—),男,河北石家庄,讲师,博士,86819560@ qq.com。

建筑废弃物减量化管理研究述评与展望：一个系统的观点

刘景矿[1]，滕　岳[1]，巩恩沁[2]

（1.广州大学 工商管理学院，广州 510006；

2.华南理工大学 土木与交通学院，广州 510640）

摘　要：随着我国城镇化进程的深入，以及各地城市更新改造产生了大量建筑废弃物。建筑废弃物减量化管理就显得尤为重要，已成为相关学者的研究热点。本文通过文献综述法，以系统的观点梳理了近年来国内外学者的相关研究。综述的主要内容包括建筑废弃物产量估算和建筑废弃物管理，其中建筑废弃物管理分为管理内容与管理方法，管理内容包括了建筑废弃物“4R”管理、建筑废弃物生命周期管理等，管理方法包括了系统动力学仿真和大数据应用。最后进行文献评述，并且认为大数据、人工智能等技术应用于建筑废弃物全生命周期管理是趋势所在。该研究有助于加强行业人员对建筑废弃物减量化管理的深度认识，以及为学者提供全面系统的研究视角。

关键词：城镇化；城市更新改造；减量化管理；大数据；人工智能

中图分类号：X799.1　　　　**文献标识码：**A

Trend of the Research on Reduction Management of Construction Waste: A Systematic Perspective

LIU Jingkuang, TENG Yue, GONG Enqing

(1.School of Management Guangzhou University, Guangzhou 510006;

2.School of Civil Engineering and Transportation, South China University of Technology, Guangzhou 510640)

Abstract: With the deepening process of urbanization in China and the renewal and transformation of various cities, a large number of construction wastes are produced.

Reduction management of construction waste is particularly important, and has become a research hotspot of relevant scholars. Through the literature review, this paper combs the relevant research of domestic and foreign scholars in recent years from a systematic point of view. The main contents of the review include the estimation of the output of construction waste and the management of construction waste. The management of construction waste is divided into management content and management method. The management content includes "4R" management of construction waste and life cycle management of construction waste. The management method includes system dynamics simulation and large data application. Finally, the literature review is made, and it is considered that the application of big data, artificial intelligence and other technologies to the life cycle management of construction waste is the trend. This study will help to strengthen the industry personnel's in-depth understanding of the management of building waste reduction, and provide a comprehensive and systematic research perspective for scholars.

Key words: Urbanization; Urban renewal and transformation; Reduction management; Big data; Artificial intelligence

1 引 言

2020年我国城镇率将提升至60%，城镇化的迅速发展伴随而来的是大量新建项目上马，加上城市旧城区、旧厂房、旧村落的改造运动如火如荼，产生了巨量建筑废弃物(包括渣土、弃土、废弃混凝土、废弃砖块、淤泥等)。2019年2月，中共中央、国务院印发了《粤港澳大湾区发展规划纲要》，纲要中体现了“绿色发展，保护生态”的基本原则，要求大力推进生态文明建设，树立绿色发展理念，推动形成绿色低碳的生产生活方式和城市建设运营模式，为居民提供良好的生态环境，促进大湾区可持续发展。纲要强调加强环境保护和治理，尤其是加强危险废物区域协同处理处置能力建设，强化跨境转移监管，提升固体废物无害化、减量化、资源化水平。然而，我国实际情况是建筑废弃物减量化管理意识淡薄，废弃物管理水平相对较低，导致建筑废弃物资源化利用率平均水平长期不足5%，大量建筑废弃物在城市周边非法倾倒，严重影响环境。

近年来，我国建筑废弃物资源化处理技术逐步成熟，但在建筑废弃物减量化管理方面还存在诸多问题。如:建筑废弃物产量估算方法尚未统一;管理部分协调不一致,多头管理现象严重;循环利用法规不完善;无法形成完整的循环利用产业链。如何对建筑废弃物进行减量化管理一直是城市管理部门与研究人员的关注重点,本文对建筑废弃物减量化管理的现有研究进行了系统性的综述,将建筑废弃物减量化管理类的研究凝练为产量估算研究、"4R"管理、生命周期管理、收费计划、管理优化绩效管理、成本收益管理、大数据应用等研究。研究成果为建筑废弃物减量化管理相关人员提供了全面系统的研究视角和研究前沿。

2 建筑废弃物产量估算

国外有学者认为建筑废弃物是有形的,因此可以用具体的定量方法来计量。他们建立了建筑活动产生的废料指标和参数,开发出比较可行的方法定量新建和拆除工程所产生的废弃物。这些研究主要分为两类:一类是整体废弃物估算的研究,另一类是根据废弃物类别进行估算研究,计量单位有质量百分比(kg/m^2、m^3/m^2等)。在整体废弃物估算研究文献中,较有代表性的有:RAM 等提出了一种计算可靠估计数的方法,并对钦奈市的情况进行了论证,得出钦奈市的建筑废弃物排放量为 114 万 t,人均年排放量为 175 kg,占整个城市固体废弃物生产质量的 36%,并用此估算方法为城市规划者和决策者管理建筑废弃物提供有效战略[1]。ASGARI 等通过问卷调查的方式估算建筑废弃物的产生量,并得出德黑兰 2011—2016 年产生的建筑废弃物约 8 264 万 m^3,平均每年的产生量为 1 377 万 m^3,其中只有 26%的建筑废弃物被循环使用,预计到 2025 年将产生 27 万 t 的建筑废弃物,如果建筑废弃物产量不能得到有效的减量化和处理,未来将形成不可控制的局面[2]。Kleemann 等认为奥地利统计年鉴上的数据往往不够完整,预测出来的建筑废弃物产量与实际产量出现较大的误差,因此提出一种基于图像匹配的变化检测方法对拆除废弃物的产量进行精确的检测[3]。Villoria Sáez 等研究针对建筑翻新/扩建项目中的建筑和拆除废物进行量化,具体分析了为提高建筑能效而产生的建筑废弃物量,并在垂直围护结构子分部实施外部隔热复合系统改造工程中实行现场监督,并利用实验获得施工造成建筑废弃物生成率,估算出在施工期间建筑废弃物的产生量为 2.46~65.24 kg/m^2 和 0.012~0.008 m^3/m^2,得出改造垂直表面时,产生的建筑废弃物最高[4]。Li 等认为准确估计建筑废弃物产量是影响建筑废弃物管理是否成功的一个关键因素。为了提高工程量估算建筑垃圾的准确度,于是提出了一种定量的建筑施工项目废弃物估算模型。在该模型的开发过程中,对建筑过程和建筑垃圾产生过程进行了理论分析,综合了质量平衡原理、工作分解结构、材料数量、不同废品计量单元之间的换算率以及不同工作包中各种材料的损耗水平,来预测建筑工程中各种建筑废物的数量,以跟踪建筑废物的来源[5]。

然而,针对建筑废弃物的量化估算,我国的研究主要分为两类:国家或地区建筑废弃物生产总量和单位建筑面积建筑废弃物产量估算。但这些研究大体还处在宏观预测上,数据陈旧,也没有形成固定的量化模型。

3 建筑废弃物管理

对建筑废弃物管理方面的研究,西方发达国家比较成熟,研究方向已延伸到各个方面,如图 1 所示。现对国内外建筑废弃物管理方面的研究进行综述。

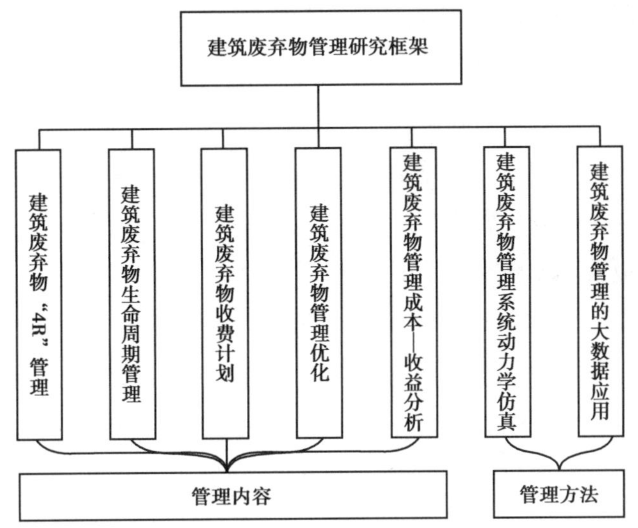

图 1　建筑废弃物管理研究框架图

3.1　建筑废弃物“4R”管理

“减量化、重复使用、循环使用、能源循环使用(Reduce, Reuse, Recycle, Recover)”管理策略简称“4R”策略,意味着具有层级性的、计划周到的策略,这种策略对环境具有从低到高的不利影响,依次是避免、减量化、重复使用、循环使用、能源回收利用、减少废物体积计划、处理,如图 2 所示。

(1)减量化

“减量化”是建筑废弃物管理最有效的方法,它不仅能够使建筑废弃物的产生最小化,同时也能减少废弃物运输、处理和回收成本。建筑废弃物有各种各样的解

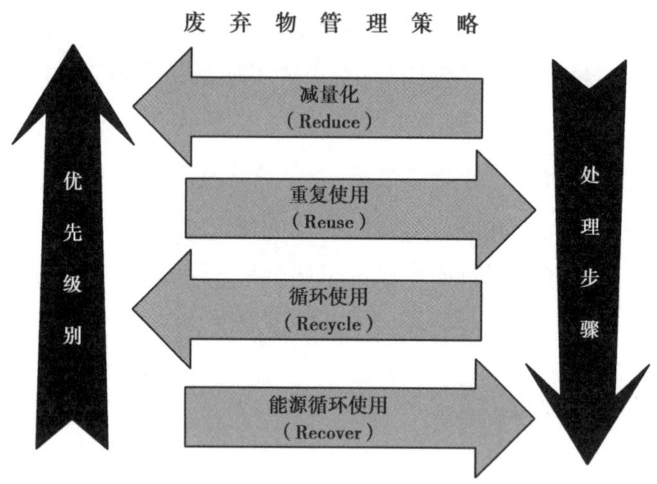

图 2　建筑废弃物管理策略优先级别图

决方法,一般概括为五大类,包括:

①通过政府立法减少建筑废弃物。

②通过设计减少建筑废弃物。

③开发一种有效的废弃物管理系统。

④使用低成本的废物处理技术。

⑤提高从业人员废弃物减量化意识。

如 Begum 等认为"使用可修复、耐用的建筑材料"是建筑废弃物减量化最为有效措施[6]。Ajayi 等认为设计师在建筑废弃物减量化管理方面起到关键因素,有效的设计将标准化和维度协调结合起来,在现代施工方法中采用原则,提供空间和部件灵活性的措施,为最终的寿命解构作出规定,并在 BIM 中采用技术进行设计协调[7]。

(2)重复使用

"减量化"之后的最理想选择就是"重复使用"。"重复使用"意味着在施工过程中用同样的材料超过一次,包括同一功能的使用材料(例如模板施工)。"重复使用"能够减少返工、材料损耗。但建筑废弃物如果处理不当,将对环境产生重大影响。因此需要将填埋场和其他处置地的建筑废弃物分拣收集加工成为再生产品,重复使用的废弃物将会取代建筑活动中使用的天然材料,从而大量减少建筑废弃物对环境的破坏[8]。

(3)循环使用

当“减量化”和“重复使用”变得困难,难以实施时,应当考虑“循环使用”。循环使用能够带来3个有益之处:

①减少新资源的需要。

②削减运输和生产能源成本。

③充分利用废弃物,尽量不将其丢弃到废弃物掩埋场地。

循环使用的两个主要关注点是经济上的可行性以及回收材料可接受性。纯经济学的观点认为只有当与新材料的成本和质量相比更具竞争性的情况下,“循环使用”才具有吸引力。Mak 认为法规政策是对建筑废弃物循环使用的关键影响因素,政府对企业循环使用建筑废弃物的经济奖励与处置成本和分类成本之间存在着密切的正相关系[9]。

(4)能源循环使用

20世纪90年代后期,全国绿色施工水平随着能源回收代替技术和绿色环保节能技术不断发展从而迅速进步,建筑废弃物焚烧发电与环境污染防控技术也不断成熟,大量的建筑废弃物并不只是进行填埋或再生处理,而是将建筑废弃物转化为新能源供社会使用。Yi 等以韩国大田都市的废弃物为研究对象,对废弃物进行处理从而转化成的各种新能源进行综合评价,结果表明,废弃物每吨能量回收潜力最大,为2.94 GJ/t,其次是蒸汽产热(2.34 GJ/t),污泥产固体燃料(0.77 GJ/t)。从食物废物(0.443 GJ/t)和垃圾填埋气回收(0.177 GJ/t)中产生沼气。预期未来,废弃物将会转化成更多形式的清洁能源去代替不可再生的能源使用[10]。

国内有较多机构开展关于建筑废弃物能源回收方面的技术研究,包括建筑废弃物的循环利用技术、建筑废弃物资源化利用技术、再生混凝土技术及施工工艺、建筑废弃物再生产品等,其研制的建筑废弃物制成道路结构层材料、墙体材料、市政设施等新型环保节能产品,已应用于城市建设中。

3.2 建筑废弃物生命周期管理

关于建筑废弃物管理的思考应该延伸到整个寿命周期中。一个工程周期的每个阶段(比如构思、设计、建设、运营、改造以及拆除),都对建筑废弃物管理的效能有着直接或间接的贡献。Kasun 等开发了一种基于建筑废弃物可持续性的生命周期指标,运用该指标能够对建筑废弃物的分类拣选、回收再利用等进行决策选择[11]。Butera 等通过建立生命周期评估模型得出在建筑废弃物运输管理环节中

排放的 CO_2 对全球变暖影响很大，建议对建筑废弃物运输的最长距离不超过 40 千米，以确保在使用时总体上节省费用和运输途中排放的 CO_2 对环境造成不可逆转的影响[12]。Wang 等基于建筑废弃物全生命周期环境影响和改善建筑废弃物管理社会意愿，提出了对建筑废弃物管理优化取费的方法[13]。

3.3 建筑废弃物收费计划

废弃物收费计划在很多经济体国家作为一种有效的建筑废弃物管理策略被采用。废弃物收费计划加大了公共填埋场地处理建筑废弃物的征税。废弃物收费计划也称为填埋场地收费计划或者废物处理收费计划。Ann 等调查研究显示香港的建筑废弃物处理收费方案（CWDCS）在第一个 3 年计划后（2006—2008 年）效果明显，但无可持续性（尚未激发分包商建筑废弃物减量化积极性）[14]。Li 等研究得出填埋场收费高是降低建筑废弃物填埋率和提高建筑废弃物循环使用率的有效手段，而不同城市和股东群体支付意愿存在显著性差异，深圳承包商和业主的平均分别愿意支付的价格为 30.0 元/t 和 50.0 元/t，显著高于青岛市（20.0 元/t 和 20.0 元/t）[15]。Mahpour 等制订财务激励计划，并采用阶梯法将激励计划节省的成本分配给利益相关者，以激励他们采取更多的措施减少建筑废弃物产量[16]。

3.4 建筑废弃物管理优化

基于仿真系统以建筑活动和工程进度为基础，对各类建筑废料的产生进行估算，模拟集成化的建筑废料管理系统。毛大任和陈建国构建了建筑废弃物现场管理的多目标优化数学模型，建筑废弃物管理决策者可以结合实际项目自身特点和资源条件，根据项目对成本、时间和现场管理有效性的要求，选择最佳的管理方案[17]。Gálvez-Martos 借鉴各国废物管理做法的多样性，采取一种考虑到建筑部门整个价值链的新办法：减少废物产生，尽量减少运输影响，通过提高二级材料的质量和优化处理方法的环境性能，最大限度地实现再利用和再循环[18]。Wang 等在施工现场开发了一种神经网络技术辅助机器人，利用在未知的工作环境中巡查并收集细小的难以发现的建筑废弃物，从而提升建筑废弃物的管理效率[19]。我国的部分学者参照国内外相关经验提出了一套新的建筑施工项目废料管理绩效评估模型。并且建议我国政府有针对性地对建筑施工现场的废料管理进行绩效评估，积极开发市场评估软件，促进建筑产业的环境可持续发展。同时，学者发现建筑废弃物产生率可作为一种评估废弃物管理绩效的方法，通过废弃物产生率来衡量建筑废弃物管理绩效，不同的建筑废弃物管理实践能够作为一个衡量基准，也可能为建筑废弃物管理提供有效的策略[20-21]。

3.5 建筑废弃物管理成本—收益分析

建筑废弃物管理成本—收益分析也是近年来的研究热点。国外学者在不同的角度对其进行了分析。如 ZHAO 等采用经济学方法分析了拆建废弃物管理在重庆的经济可行性，总结了一些关键影响因素，厘清了各种因素之间的数量关系[22]。LIU 以广州市为例，建立了建筑废弃物处置成本补偿模型，并计算政府对承包商处置成本的补偿金额。若补偿金额大于处置成本，且承包商能从中获利，便可刺激他们对建筑废物的回收和再利用[23]。

3.6 建筑废弃物管理系统动力学仿真

近年来，系统动力学在建筑废弃物领域的应用研究也日渐广泛。Hao 等以深圳将拆建废弃物的回收为研究对象，将系统分成废弃物产生、填埋和现场分类 3 个模块，采用系统动力学模型进行模拟，得出了两个影响建筑废弃物产生的主要因素，并提出了一些政策建议[24]。此外，由于影响建筑废弃物管理成本收益的各个因素是动态的并且相互作用，将系统动力学应用于建筑废弃物管理成本效益建模的研究，很多学者进行了这方面的探索。例如，Yuan 等对深圳拆建废弃物处理链进行了系统动力学建模，分析了系统中各个参数的敏感度，得出了处理中心的成本效益曲线，提出了改进影响系统关键因素的处理措施[25]。Au 提出了统动力学模型预测建筑废弃物处置费用对环境影响及其财政影响。预测得出随着建筑废弃物处置费用水平的增加，非法倾倒废弃物的量也会逐渐增多[26]。Ding 建立了包含建筑废物减少管理子系统、废物产生与处置子系统和环境效益评价子系统的两阶段环境效益评价系统动力学模型，仿真结果表明实施减量化管理可以减少 40.63% 的废物产生，同时减少温室气体排放 12 623.30 kg，节省垃圾填埋场 3 901.05 m^3[27]。

3.7 建筑废弃物管理的大数据应用

随着信息技术的不断发展，大数据信息技术已应用于建筑废弃物全生命周期管理的各个环节中。为了精确预测建筑废弃物的产量，应将建筑物进行解构处理，特别是针对装配式建筑。Akinade 开发了一种基于建筑物信息建模的可解构性评估评分法（BIM-DAS），得出预制构件装配和构件是否能拆卸连接是影响解构设计性能的关键因素[28]。废物产生率（WGR）通常被用作衡量建筑废弃物管理（CWM）绩效的关键性能指标（KPI），LU 通过大数据方法挖掘 5 764 个项目产生的 221 万个废物处置记录，重新审视和完善了 WGRs/KPI，从而为建筑废弃物管理提供了更有效的策略[29]。Won以图解的方式讨论了一种基于BIM的废物管理和最小化方法所需的项目参与者的理论和信息，帮助项目参与者改进规划、设计、施工和拆除阶段的过程和技术，从而有效地管理和减少建筑废弃物产量[30]。Paz在地理信息系统(GIS)的辅助下，规划当地建筑和拆迁废弃物，通过空间分析控制建设拆迁废物的产生、分类、收集、运输和最终归宿，提高材料的回收和再利用率[31]。建筑废弃物的非法倾倒长期以来困扰着世界各国政府，LU利用行为指标和最新的大数据，调查香港2011至2017年的900多万份废物处置记录，确定了非法倾倒的可能驱动因素[32]。

4 研究现状评述

本文利用系统的观点梳理近年来建筑废弃物减量化管理的相关文献，比较以往的研究，目前研究现状存在下述改变。

①针对建筑废弃物估算，学者们不再单纯地依赖国家建筑业方面的统计年鉴数据粗略估算，而是利用信息技术建立模型，对新建或拆迁项目进行解构，并使用如GIS、无人机等技术获取项目各个阶段的图像进行对比匹配，实现实时监控项目进度，从而精确预测建筑废弃物产量。

②将建筑废弃物处置从“3R”管理原则优化为“4R”管理原则(减量化、重复使用、循环使用、能源循环使用)。增加一项能源循环使用管理，其目的是将难以循环使用建筑废弃物通过焚烧等处理方式转化成不同形式的能源(电能、热能等)供公共社会使用，同时降低对化石燃料的需求，减少能源生产带来的气候压力。

③建筑废弃物减量化管理本身就是一个复杂的系统，学者们利用系统动力学剖析了建筑废弃物减量化管理内部演化规律，建立了影响建筑废弃物减量化管理的指标因素，确定了影响建筑废弃物管理的关键序参量。在模型构建方面，将建筑废弃物管理系统划分为单个子系统，设定子系统内部的流位、流率、辅助变量，引入流率的概念分析各变量因果关系并模拟影响因素的动态变化对系统带来的影响。从而对建筑废弃物管理进行了有效仿真模拟，并结合实际情况提出具有针对性的指导意见。

④为了进一步实现建筑废弃物的减量化管理，学者们从不同的管理角度和建设项目各个阶段分别对建筑废弃物进行研究。如利用建筑废弃物管理的生命周期评估方法，进一步完善和优化影响建筑废弃物管理策略的关键因素；利用收费计划

制订合理的建筑废弃物管理费用，从而有效促进建筑废弃物减量化管理，并在某种程度上控制了建筑废弃物填埋率。随着建筑废弃物减量化管理策略的优化，研究者细化了建筑废弃物管理的影响因子，建立了成熟的废弃物管理绩效评估模型。

⑤相关学者利用大数据技术捕捉、管理和处理建筑项目所产生的各种数据，进一步优化了建筑废弃物管理模式，将BIM、GIS等信息技术应用于建筑项目的管理中，为研究者和决策者提供了更加精确的数据为制定相关政策提供参考。利用人工智能技术赋予建筑废弃物分拣机器人工作能力，使其代替人工完成建筑废弃物前期处理的分拣工作，实现建筑废弃物分拣管理，并有助于后期建筑废弃物资源化处理。

5 结 语

通过相关文献回顾，总结了建筑废弃物的估算方法，梳理了建筑废弃物减量化管理主要内容，并进行了整理评述，得出我国未来建筑废弃物减量化管理研究趋势：一是要精确预测建筑企业在从事生产活动中所产生的建筑废弃物产量，若能从源头上控制建筑废弃物产量，可有效地提升建筑废弃物减量化。因此需进一步细化建筑活动产生的废料指标与参数，并运用具体的定量方法对建筑废弃产量进行估算，亦可结合BIM、GIS等信息技术优化预测值。二是要关注建筑废弃物能源循环使用管理原则，我国学者的研究多集中在建筑废弃物“减量化、再利用、循环使用”方面，而建筑废弃物可将潜在的价值能转化成新能源以供社会需要，因此需要投入更多的研究去实现建筑废弃物变废为宝的转变。三是要结合大数据技术、人工智能技术、信息技术等技术优化建筑废弃物管理方法。信息技术不仅可以预先建模，而且可对整个建设项目进行全生命周期管理，既可实现对建筑废弃物生产量的精确预测，也可在实际的建设项目生产活动中对建筑废弃物产量进行可视化管理。未来，随着装配式技术的进步，预制构件将大量应用于施工现场，整个制作安装过程难免会产生建筑废弃物，利用信息技术（如BIM-RFID）可以对预制构件从出厂—安装—拆除进行全过程的监控管理，从而有效地控制建筑废弃物产量，达到废弃物减量化管理效果。

参考文献

[1] RAM V G, KALIDINDI S N. Estimation of construction and demolition waste using waste generation

rates in Chennai,India[J].Waste Management & Research,2017(35):610-617.

[2] ASGARI A, GHORBANIAN T, YOUSEFI N, et al. Quality and quantity of construction and demolition waste in Tehran[J]. Journal of Environmental Health Science & Engineering, 2017 (15):14.

[3] KLEEMANN F,LEHNER H,YOUSEFI N,et al.Using change detection data to assess amount and composition of demolition waste from buildings in Vienna[J]. Resources, Conservation and Recycling,2017(123):37-46.

[4] VILLORIA SAEZ P, ASTORQUI J S C, MERINO M R, et al. Estimation of construction and demolition waste in building energy efficiency retrofitting works of the vertical envelope[J]. Cleaner Production,2018(172):2978-2985.

[5] LI Y,ZHANG X Q,DING G Y,et al.Developing a quantitative construction waste estimation model for building construction projects[J].Resources,Conservation and Recycling,2016(106):9-20.

[6] BEGUMA R A, SIWAR C, PEREIRA J J, et al. Implementation of waste management and minimisation in the construction industry of Malaysia[J].Resources,Conservation and Recycling, 2007(51):190-202.

[7] AJAYI S O, OYEDELE L O, AKINADE O O, et al. Attributes of design for construction waste minimization: A case study of waste-to-energy project[J]. Renewable and Sustainable Energy Reviews,2017(73):1333-1341.

[8] KLEPA R B, MEDEIROS M F, FRANCO M A C. Reuse of construction waste to produce thermoluminescent sensor for use in highway traffic control[J].Journal of Cleaner Production,2019 (209):250-258.

[9] MAK T M W, YU I K M, WANG L, et al. Extended theory of planned behaviour for promoting construction waste recycling in Hong Kong[J].Waste Management,2019(83):161-170.

[10] YI S,JANG Y C,ALICIA K A.Potential for energy recovery and greenhouse gas reduction through waste-to-energy technologies[J].Journal of Cleaner Production,2018(176):503-511.

[11] KASUN Y M H,SHAHRIA A M,CIGDEM E,et al.An overview of construction and demolition waste management in Canada: A lifecycle analysis approach to sustainability[J]. Clean Technologies and Environmental Policy,2013,15(1):81-91.

[12] BUTERA S,THOMAS H,Christensen,et al.Life cycle assessment of construction and demolition waste management[J].Waste Management,2015(44):196-205.

[13] WANG J Y, WU H Y, TAM V W Y, et al. Considering life-cycle environmental impacts and society's willingness for optimizing construction and demolition waste management fee: An empirical study of China[J].Journal of Cleaner Production,2019(206):1004-1014.

[14] ANN T W, POON C S, WONG A, et al. Impact of Construction Waste Disposal Charging Scheme on work practices at construction sites in Hong Kong[J]. Waste Management, 2013(33): 138-146.

[15] LI J R, ZUO J, GUO H, et al. Willingness to pay for higher construction waste landfill charge: A comparative study in Shenzhen and Qingdao, China[J]. Waste Management, 2018(81): 226-233.

[16] Mahpour A, Mortahed M M. Financial-Based Incentive Plan to Reduce Construction Waste[J]. Journal of Construction Engineering and Management, 2018, 144(5): 18-29.

[17] 毛大任，陈建国.建筑废料现场管理多目标优化决策分析[J].土木工程与管理学报，2012，29(4)：110-117.

[18] GALVEZ-MARTOS J L, STYLES D, SCHOENBERGER H, et al. Construction and demolition waste best management practice in Europe[J]. Resources, Conservation and Recycling, 2018(136): 166-178.

[19] WANG Z L, LI H, ZHANG X L. Construction waste recycling robot for nails and screws: Computer vision technology and neural network approach[J]. Automation in Construction, 2019(97): 220-228.

[20] CHA H S, KIM J, HAN J Y. Identifying and Assessing Influence Factors on Improving Waste Management Performance for Building Construction Projects[J]. Journal of Construction Engineering and Management, 2009(6): 647-656.

[21] 丁志坤，王翌飞，吴金闯.复杂适应系统视角下的城市建筑废弃物管理仿真研究[J].工程管理学报，2015(12)：29-36.

[22] ZHAO W, LEEFTINK R, ROTTER S. Evaluation of the economic feasibility for the recycling of construction and demolition waste in China—the case of Chongqing[J]. Resources, Conservation and Recycling, 2010, 54(6): 377-389.

[23] LIU J K, TENG Y, JIANG Y H, et al. A cost compensation model for C&D waste disposal using full-cost accounting method: Guangzhou as a case study[J]. Environmental Science and Pollution Research, 2019, 26(14): 13773-13784.

[24] HAO J L J, TAM V W Y, YUAN H P, et al. Dynamic modeling of construction and demolition waste management processes An empirical study in Shenzhen, China[J]. Engineering, Construction and Architectural Management, 2010, 17(5): 476-492.

[25] YUAN H P, CHINI A R, LU Y J, et al. A dynamic model for assessing the effects of management strategies on the reduction of construction and demolition waste[J]. Waste Management, 2012(32): 521-531.

[26] AU L S, AHN S, KIM T W. System Dynamic Analysis of Impacts of Government Charges on

Disposal of Construction and Demolition Waste: A Hong Kong Case Study [J]. Sustainability, 2018,10(4):1-17.

[27] DING Z K, ZHU M L, TAM V W Y, et al. A system dynamics-based environmental benefit assessment model of construction waste reduction management at the design and construction stages[J].Journal of Cleaner Production,2018(176):676-692.

[28] AKINADE O O, OYEDELE L O, BILA M, et al. Waste minimisation through deconstruction: a BIM based Deconstructability Assessment Score (BIM-DAS) [J]. Resources, Conservation and Recycling,2015(105):167-176.

[29] LU W S, CHEN X, PENG Y, et al. Benchmarking construction waste management performance using big data[J].Resources, Conservation and Recycling,2015(105):49-58.

[30] WON J S, CHENG J C P. Identifying potential opportunities of building information modeling for construction and demolition waste management and minimization[J].Automation in Construction, 2017(79):3-18.

[31] PAZ D H F, LAFAYETTE K P V, SOBRAL M C. GIS-based planning system for managing the flow of construction and demolition waste in Brazil [J]. Waste Management & Research, 2018 (36):541-549.

[32] LU W S. Big data analytics to identify illegal construction waste dumping: A Hong Kong study[J]. Resources, Conservation & Recycling,2019(141):264-272.

收稿日期:2020 年 1 月 10 日。

基金项目:教育部人文社科规划基金项目(20YJCZH097);
广东省哲学社会科学规划项目(GD19CGL23);
广州市哲学社科规划 2020 年度课题(2020GZGJ185);
国家自然科学基金项目(71501052)。

作者简介:刘景矿(1984—),男,博士,副教授,硕士生导师,研究方向:建筑废弃物管理;
滕岳(1995—),男,硕士研究生,研究方向:建筑废弃物管理;
巩恩沁(1992—),女,博士研究生,研究方向:建筑废弃物管理。

全国建筑碳排放计算方法研究与数据分析

蔡伟光,蔡彦鹏

(重庆大学 管理科学与房地产学院,重庆 400044)

摘　要:基于建筑能耗拆分模型和排放因子法,建立了全国建筑碳排放分步计算模型。以能源平衡表数据为基础数据计算分类能源建筑能耗、电力和热力碳排放因子,并计算2000—2017年全国建筑碳排放量。对计算结果进行分析,得出以下结论:我国建筑碳减排工作成果显著,建筑碳排放增速明显下降,城镇公共建筑和城镇居住建筑单位面积碳排放强度自2012年开始呈现下降趋势。未来的建筑碳减排工作需要将重点落在公共建筑节能、农村居建节能以及优化建筑能源消费结构上。

关键词:建筑碳排放计算;排放因子法;电力碳排放因子;热力碳排放因子;能源平衡表

中图分类号:TU984　　　　　　**文献标识码:**A

National Construction Carbon Emission Calculation Method Research and Data Analysis

CAI Weiguang, CAI Yanpeng

(School of Management Science and Real Estate, Chongqing University, Chongqing 400044)

Abstract: Based on the building energy decomposition model and the emission factor method, a national step-by-step calculation model for building carbon emissions was established. Calculate energy consumption, electricity and thermal carbon emission factors for energy buildings based on energy balance data, and calculate national construction carbon emissions from 2000 to 2017. The calculation results are analyzed and the following conclusions are drawn: China's construction carbon emission reduction work has achieved remarkable results, and the growth rate of construction carbon emission has dropped significantly. The carbon emission intensity of urban public construction and urban residential construction has shown a downward trend since 2012. Future construction carbon reduction efforts need to focus on energy saving in public buildings, rural housing construction, and optimization of building energy consumption structures.

Key words: Building carbon emissions calculation; Emission factor method; Electricity carbon emission factor; Thermal carbon emission factor; Energy balance table

1 引 言

气候变化是人类面临的重大的挑战之一,控制温室气体的排放关系着全人类的共同命运。中国计划在 2030 年碳排放总量达到峰值后努力尽早达峰,并提出 2030 年单位 GDP 碳排放比 2005 年下降 60%~65%,因此我国的节能减排工作面临巨大挑战。建筑是能源消耗的三大部门之一,也是温室气体排放的重要来源。我国建筑运营阶段的能源消费量约占全国终端能耗的 20.6%[1],且建筑部门的节能减排潜力是工业部门的 1.5 倍,在三大能源消费部门中最大,将为碳排放提前达峰贡献约 50%的节能量[2],建筑碳减排工作的顺利开展是实现我国碳达峰承诺的关键所在。

我国的碳减排工作已进入总量控制阶段,但由于建筑碳排放计算领域的研究起步较晚,且缺乏统一公认的碳排放核算方法学,建筑领域碳排放相关数据缺乏,进一步导致了碳排放变化趋势和碳减排潜力分析工作难以开展。国内外建筑碳排放测算方法主要有 3 种,包括排放因子法、质量平衡法和实测法。第一种方法基于《2006 年 IPCC 国家温室气体清单指南》中提出的排放因子计算模型[3],具有数据需求量少、大尺度计算时可以避免由于统计口径问题而遗漏能源消费量等优点[4],可以应用于宏观、微观等多种情景下建筑碳排放测算。微观层面,黄丽君运用排放因子法分阶段阐述了全生命周期内的建筑碳排放计算方法[5]。宏观层面,排放因子法可用于区域或城市既有建筑使用过程的碳排放量核算[6]。叶瑞克基于排放因子法建立了城市内建筑群碳排放核算模型[7];白佳令以排放因子法为核心核算重庆地区建筑碳排放[8];Claudia Sheinbaum 运用排放因子法计算拉丁美洲 5 国运输、工业、住宅等部门碳排放[9];张智慧基于排放因子法和投入产出分析核算建筑业直接碳排放与间接碳排放[10];Tangyang Jiang 基于能源平衡表和投入产出表分析了中国能源供应侧和工业系统碳排放结构的演变和特征[11]。质量平衡法主要用于计算固定燃烧排放源产生的碳排放,可以反映碳排放发生地的实际碳排放量;实测法基于排放源现场实测数据,中间环节少、计算结果精确[12],但两种方法存在数据获取困难、权威性低、投入大等局限。

基于以上分析,本文选用排放因子法计算全国建筑碳排放量。排放因子法计算全国建筑碳排放的主要工作在于:①以能源平衡表数据为基础拆分出建筑运行过程消费的各类型能源[13-15]。②计算碳排放因子,主要包括电力碳排放因子和热力碳排放因子。通过计算建筑运行过程各建筑类型分类能源消费量以及相应的碳排放因子,获取基于时间序列的全国建筑碳排放数据,对于持续研究宏观层面下的建筑碳排放情况具有重大意义。

2 建筑碳排放计算模型

建筑碳排放按照所消耗的能源种类的不同,可以分为直接碳排放和间接碳排放。其中,直接碳排放为建筑运营过程中直接消费的化石能源所产生的 CO_2 排放量,间接碳排放是在直接碳排放的基础上包含了使用二次能源所导致的 CO_2 排放量,包括电力消费以及因建筑供暖所产生的热力消费。建筑碳排放量为建筑消费的各类能源产生的 CO_2 的排放量之和,其计算公式如下:

$$\mathrm{EB} = \sum e_i f_i$$

式中,EB 为建筑碳排放量($\mathrm{kgCO_2}$);e_i 为全国建筑能耗中对应的分类能源消费量;f_i 为各类能源所对应的碳排放因子,包括直接碳排放对应的化石能源碳排放因子和间接碳排放对应的电力、热力碳排放因子。

建筑碳排放计算模型如图 1 所示。

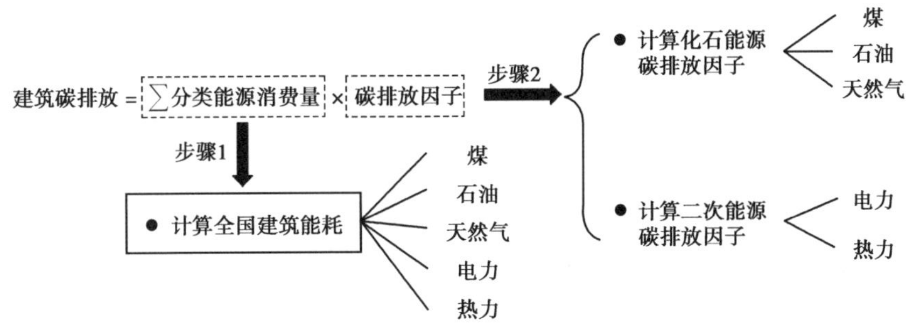

图 1　建筑碳排放分步计算模型

3 基于建筑能耗拆分模型计算全国建筑能耗

全国建筑能耗的计算采用蔡伟光提出的建筑能耗拆分模型,以能源平衡表中的“批发、零售、餐饮业”“其他”“生活消费”3 项作为能耗基础量,扣除能耗基础量中的交通能耗,修正采暖能耗,加入建筑业、农业等部门未独立核算的厂区办公楼及职工宿舍能耗等[16],并按照不同能源类型拆分得出公共建筑、城镇居住建筑、农村居住建筑化石能源、电力以及热力能源消费量,作为全国建筑碳排放量计算的基础量。

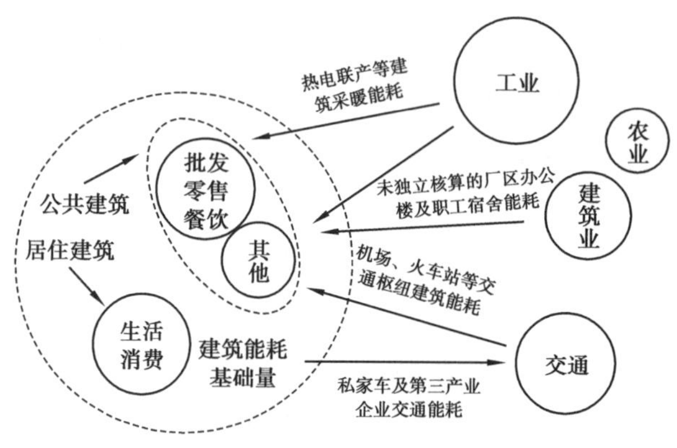

图 2 建筑能耗拆分模型

4 计算碳排放因子

4.1 化石能源碳排放因子

化石能源碳排放因子的测算基于公开数据查询,《综合能耗计算通则》(GB/T 2589—2008)中列出了化石能源的平均低位发热量与折标煤因子,《省级温室气体清单编制指南》(发改办气候〔2011〕1041 号)中列出了单位热值含碳量与碳氧化率数据,化石能源碳排放因子的计算公式如下:

$$EF_i = ALCV_i \times PCVC_i \times COR \times 3.667 \times 10^{-6}$$

式中:EF_i 为化石能源 i 的碳排放因子,$kgCO_2/kg$,$ALCV_i$ 为平均低位发热量,kJ/kg;$PCVC_i$ 为单位热值含碳量,tC/tJ;COR 为碳氧化率;CO_2 与 C 分子量之比为 3.667。化石能源的碳排放系因子数值基本固定,部分碳排放因子见表 1。

表 1　化石能源碳排放因子

能源名称	平均低位发热量 /(kJ · kg^{-1})	折标煤因子 /(kgce · kg^{-1})	单位热值含碳量 /(tC · tJ^{-1})	碳氧化率	碳排放因子 /($kgCO_2$ · kg^{-1})
原煤	20 908	0.714 3	26.37	0.94	1.900 3
焦炭	28 435	0.971 4	29.5	0.93	2.860 4
原油	41 816	1.428 6	20.1	0.98	3.020 2
燃料油	41 816	1.428 6	21.1	0.98	3.170 5
汽油	43 070	1.471 4	18.9	0.98	2.925 1
柴油	42 652	1.457 1	20.2	0.98	3.095 9
液化石油气	50 179	1.714 3	17.2	0.98	3.101 3
炼厂干气	46 055	1.571 4	18.2	0.98	3.011 9
油田天然气	38 931	1.330 0	15.3	0.99	2.162 2

4.2　电力碳排放因子

4.2.1　电力碳排放因子概述

电力碳排放因子是计算电力碳排放的基础，长期以来由于缺乏统一的电力碳排放计算标准，在电力碳排放量的核算过程中存在两种主要的电力碳排放因子，一是区域电网的基准线排放因子，二是区域电网平均碳排放因子。

中国区域电网的基准线排放因子由国家发改委应对气候变化司发布，其主要作用在于为中国重点减排领域的 CDM 项目和中国温室气体自愿减排项目（CCER 项目）提供核算基准，包括电量边际排放因子（OM）和容量边际排放因子（BM）。电量边际排放因子用于计算电网饱和状态下 CDM 项目投入运行后的碳减排量，这一状态下 CDM 项目的运行将导致既有火电厂被关闭，碳减排量包含关闭既有火电厂的碳减排量以及 CDM 项目的低能耗所带来的碳减排量。容量边际排放因子用于计算电网不饱和的状态下碳减排量，这一状态下 CDM 项目的运行并不影响既有火电厂的运营，其核算的碳减排量为 CDM 项目的低能耗所带来的碳排减排量。因此，电量边际排放因子大于区域电网平均碳排放因子，容量边际碳排放因子小于区域电网平均碳排放因子。中国区域电网平均碳排放因子由国家气候战略中心发布，是区域范围内电网的电厂总排放量与总电量之比，主要用于核算区域范围内的电力消费所产生的碳排放量。

本文中所计算的建筑电力碳排放量是建筑运行过程中的电力消费所产生的碳

排放量,对应的电力碳排放因子应为区域电网平均碳排放因子。

4.2.2 公开查询数据

基于国家气候战略中心数据查询到的2010、2011和2012年中国区域电网平均碳排放因子[$kgCO_2/(kW \cdot h)$]见表2。

表2 区域电网平均碳排放因子

区域	覆盖省市	2010年	2011年	2012年
华北区域电网	北京、天津、河北、山西、山东、内蒙古西部	0.884 5	0.896 7	0.884 3
东北区域电网	辽宁、吉林、黑龙江、内蒙古东部	0.804 5	0.818 9	0.776 9
华东区域电网	上海、江苏、浙江、安徽、福建	0.718 2	0.712 9	0.703 5
华中区域电网	河南、湖北、湖南、江西、四川、重庆	0.567 6	0.595 5	0.525 7
西北区域电网	陕西、甘肃、青海、宁夏、新疆	0.695 8	0.686 0	0.667 1
南方区域电网	广东、广西、云南、贵州	0.596 0	0.574 8	0.527 1

基于公开数据查询获取中国各区域电网平均电力碳排放因子,并根据《中国电力年鉴》发布的全国分地区发电量加权平均,计算得出全国电力碳排放因子。但由于中国区域电网平均碳排放因子发布年份不完整,基于公开查询只能获取2010、2011和2012年的区域电网平均碳排放因子,其他年份数据缺失。因此,基于公开数据不能得到完整时间序列的电力碳排放因子,无法计算完整时间序列的建筑碳排放。

4.2.3 能源平衡表法

基于能源平衡表法计算分区域电网的电力碳排放因子,火力发电碳排放量的计算为能源平衡表中"火力发电"栏各类化石能源消费量的碳排放量,火力发电量和可再生能源发电量分别以对应的"电力"实物量作为计算基础量。计算公式如下:

$$EF_e = 10 \times TPCE/(TPG + REG)$$

式中,EF_e 为电力碳排放因子[$kgCO_2/(kW \cdot h)$];TPCE为火力发电碳排放量(10^4 tCO_2);TPG为火力发电量(10^8 $kW \cdot h$);REG为可再生能源发电量(10^8 $kW \cdot h$)。电力碳排放因子计算过程对应能源平衡表中各项实物量如图3所示。

基于能源平衡表法计算2017年区域电网平均电力碳排放因子,并与应对气候变化司公布的2017年区域电网基准线碳排放因子相比较,计算所得区域电网平均电力碳排放因子满足分布规律，如图 4 所示。

项 目	煤合计（万吨）Coal Total (10^4 tons)	原煤（万吨）Raw Coal (10^4 tons)	洗精煤（万吨）Cleaned Coal (10^4 tons)	热力（万百万千焦）Heat (10^{10} kJ)	电力（亿千瓦小时）Electricity (10^8 kW·h)	其他能源（万吨标煤）Other Energy (10^4 tce)
一、可供本地区消费的能源量	**378494.32**	**379078.01**	**-388.53**		**16926.96**	**6083.70**
1. 一次能源生产量	341060.40	341060.40			17054.18	6083.70
水电					11933.74	
核电					2132.87	
风电					2370.71	
2. 进口量	25555.29	25549.71			61.85	
3. 境内轮船和飞机在境外的加油量						
4. 出口量(-)	878.97	865.13			189.07	
5. 境外轮船和飞机在境内的加油量(-)						
6. 库存增(-)、减(+)量	12757.60	1333[illegible].03	-388.53			
二、加工转换投入(-)产出(+)量	**-286751.69**	**-30[illegible]037.92**	**1183.66**	**431319.52**	**44370.68**	**-458.31**
1. 火力发电	-182665.65	-179635.55		-65382.64	44370.68	-1217.82
2. 供热	-26577.33	-25803.92		430506.88		-273.45
3. 洗选煤	-14239.63	-89989.61	54701.74			
4. 炼焦	-60648.78	-7130.70	-53518.08			
5. 炼油及煤制油	-1105.32	-908.77				-45.58

可再生能源发电量

各类能源消费量

火力发电量

图 3　电力碳排放因子计算过程能源平衡表示意图

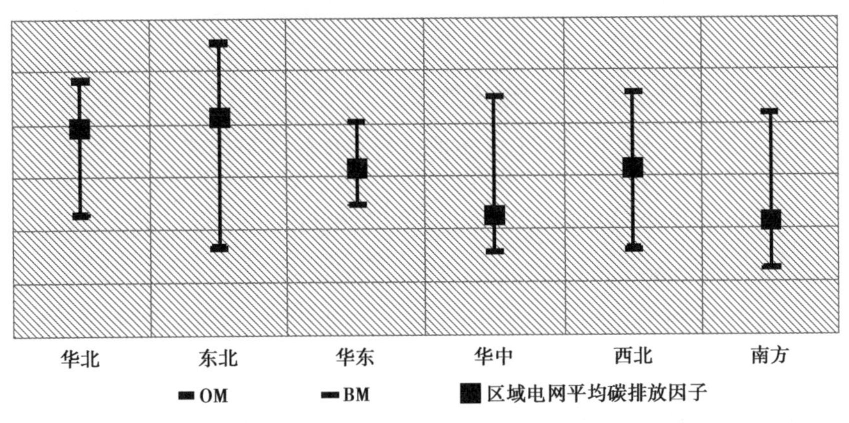

图 4　2017 年区域电网平均碳排放因子与基准线碳排放因子对比

基于能源平衡表法计算区域电网平均电力碳排放因子，并通过加权平均法计算了 2000—2017 年全国电力碳排放因子。2017 年全国电力碳排放因子为 0.585 6 $kgCO_2/(kW \cdot h)$，与清华大学建筑节能研究中心发布的 0.592 $kgCO_2/(kW \cdot h)$ 相近[17]，且相较于 2000 年的 0.813 3 $kgCO_2/(kW \cdot h)$ 呈现出下降趋势，这与我国近年来大力推行清洁能源发电相符合。将基于能源平衡表法计算得出的全国电力碳排放因子与国家发改委以及国家电网所公布的全国电网平均碳排放因子对比（图 5），计算结果与国家相关部门发布的数据相近。

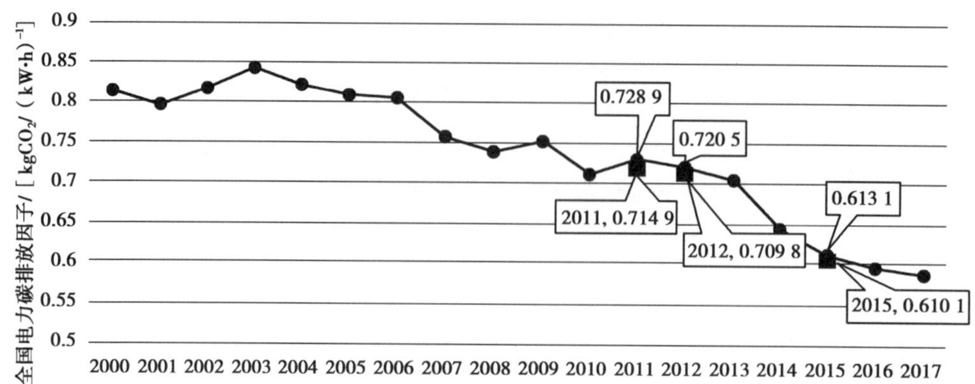

图 5　能源平衡表法计算结果与公开数据查询对比

4.3　热力碳排放因子

4.3.1　基于热力企业调查

基于热力企业调查计算热力碳排放因子，是在对热力企业的碳排放量和供热量进行调查的基础上，使用实际生产数据进行碳排放因子计算，计算公式如下：

$$EF_{heating} = \frac{\sum EE_{heating,i}}{\sum TS_{heating,i}}$$

式中，$EF_{heating,i}$为供热站 i 的碳排放因子；$EE_{heating,i}$为供热站 i 的碳排放量；$TS_{heating,i}$为供热站 i 的供热量。

基于热力企业调查获得的实测数据计算得到的热力碳排放因子可靠度较高，但由于全国建筑热力碳排放量的计算需要大量的热力企业调查数据作为基础，这些工作的开展具有一定的困难，也导致了基于热力企业调查计算热力碳排放因子具有一定的局限性。

4.3.2　能源平衡表法

基于能源平衡表法计算热力碳排放因子，能源平衡表中建筑部门消耗对应的各类能源碳排放总量与热力生产总量的比值即为热力碳排放因子，热力生产总值以能源平衡表中“热力”的实物量作为计算基础量，计算公式如下：

$$EF_{heating} = \frac{\sum EE_{heating,i}}{TP_{heating,i}}$$

式中，$EF_{heating}$为热力碳排放因子，$10^4\ tCO_2/10^{10}\ kJ$；$EE_{heating,i}$为各类能源碳排放量，

10^4 tCO_2；$TP_{heating,i}$ 为热力生产总量，10^{10} kJ。热力碳排放因子计算过程对应于能源平衡表中各项实物量如图 6 所示。

项 目	煤合计（万吨）Coal Total (10^4 tons)	原煤（万吨）Raw Coal (10^4 tons)	洗精煤（万吨）Cleaned Coal (10^4 tons)	热力（万百万千焦）Heat (10^{10} kJ)	电力（亿千瓦小时）Electricity (10^8 kW·h)	其他能源（万吨标煤）Other Energy (10^4 tce)
一．可供本地区消费的能源量	**378494.32**	**379078.01**	**-388.53**		**16926.96**	**6083.70**
1．一次能源生产量	341060.40	341060.40			17054.18	6083.70
水电					11933.74	
核电					2132.87	
风电					2370.71	
2．进口量	25555.29	25549.71			61.85	
3．境内轮船和飞机在境外的加油量						
4．出口量(-)	878.97	865.13			189.07	
5．境外轮船和飞机在境内的加油量(-)						
6．库存增(-)、减(+)量	12757.60	13333.03	-388.53			
二．加工转换投入(-)产出(+)量	**-286751.69**	**-305037.92**	**1183.66**	**431319.52**	**44370.68**	**-458.31**
1．火力发电	-182665.65	-179635.55		-65382.64	44370.68	-1217.82
2．供热	-26577.33	-25803.92		430506.88		-273.45
3．洗选煤	-14239.63	-89989.61	54701.74			
4．炼焦	-60648.78	-7130.70	-53518.08			
5．炼油及煤制油	-1105.32	-908.77				-45.58

各类能源消费量

热力生产值

图 6　热力碳排放因子计算过程能源平衡表示意图

基于能源平衡表法计算 2000—2017 年全国热力碳排放因子（图 7），计算结果为 0.11～0.14，呈现出较为稳定的趋势，这是由于我国北方地区采暖化石能源消费以燃煤为主。

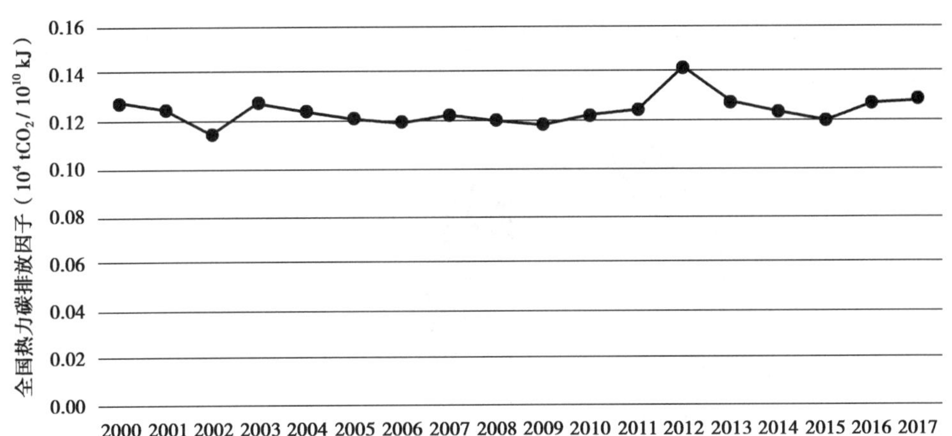

图 7　2000—2017 年全国热力碳排放因子

4.3.3　排放强度测算法

能源平衡表中的热力消费包括了工业用热及居民用热，在计算热力碳排放因子时无法剥离，为满足更高精度的建筑热力碳排放因子的测算，本文提供排放强度法计算热力碳排放因子。排放强度法的主要原理是根据不同供热技术类型的能耗强度以及相应技术类型的供热面积占比计算综合热力碳排放因子，计算公式如下：

$$EF_{heating} = \sum ee_i / c_i \times f_i \times prop_i$$

式中,$EF_{heating}$为热力碳排放因子,$kgCO_2/m^2$;ee_i 为技术类型 i 的能耗强度,$kgce/m^2$;c_i 为能源 i 折标煤系数,kgce/kg;f_i 为能源 i 碳排放系数,$kgCO_2/kg$;$prop_i$ 为能源 i 碳排放系数,$kgCO_2/kg$;技术类型 i 包括热电联产、燃煤锅炉、燃气锅炉等主要供热技术类型。

4.4 小结

全国电力碳排放因子和热力碳排放因子的计算均选取能源平衡表作为基础数据来源,数据获取途径权威,且计算口径统一,从而保证了建筑碳排放计算的一致性。基于能源平衡表计算建筑碳排放因子,方法简便,且可根据能源平衡表的发布形成时间序列,持续更新全国建筑热力与电力碳排放因子以及计算建筑碳排放量。

5 建筑碳排放计算结果与数据分析

5.1 全国建筑碳排放总体情况

2017 年,全国建筑碳排放总量为 20.44 亿 tCO_2,与清华大学建筑节能研究中心发布的 21.3 亿 t 相近[17]。其中公共建筑碳排放量为 7.68 亿 tCO_2,占建筑碳排放总量的 37.6%;城镇居住建筑碳排放量为 8.57 亿 tCO_2,占比 41.9%;农村居住建筑碳排放量为 4.20 亿 tCO_2,占比 20.5%(图 8)。

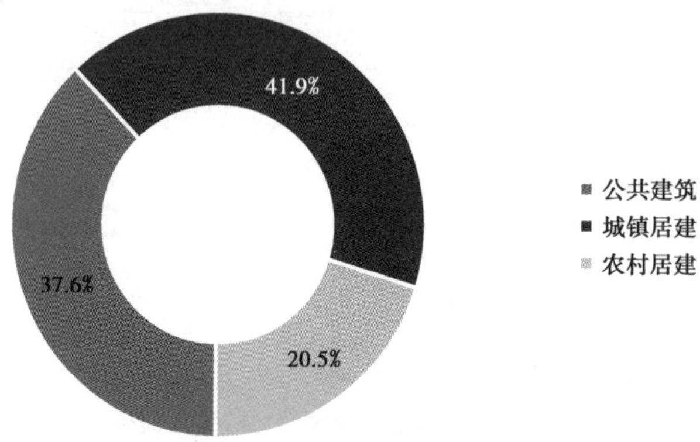

图 8 2017 年中国建筑碳排放构成比例

全国建筑能流分析(图 9)表明,在我国建筑消耗的一次能源中,煤所占的比重最大,占比达到了 76%。从能源流向来看,大量的煤最终是以电力和热力的形式被建筑所消耗。从能源种类构成来看,电力是建筑碳排放的第一大来源,所占比重为 49%,热力所占比重为 23%,煤和天然气等化石能源直接燃烧的碳排放占比为

28%。分析不同类型的建筑碳排放量，公共建筑占比为 38%，城镇居建占比为 42%，农村居建占比为 20%。其中，公共建筑、城镇居建和农村居建碳排放均有约 50%来源于电力。

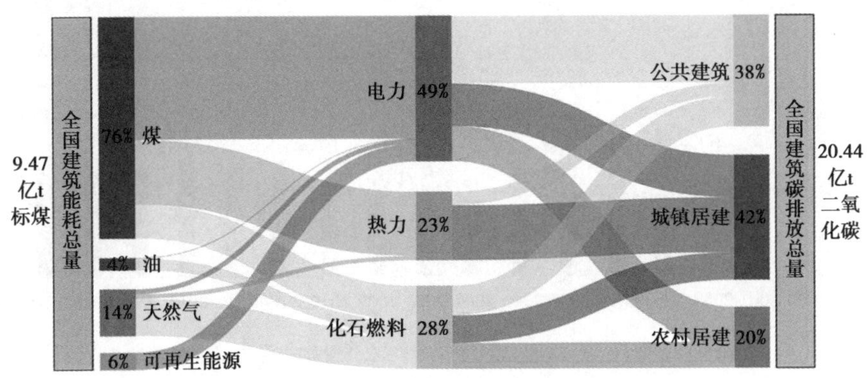

图 9　全国建筑能流分析

公共建筑单位面积碳排放强度是三类建筑单位面积碳排放强度中最高的，且近年来一直保持增长的趋势。2017 年公共建筑单位面积碳排放强度 64.21 $kgCO_2/m^2$，分别是城镇居住建筑的 2.3 倍（28.13 $kgCO_2/m^2$）和农村居住建筑的 3.3 倍（19.21 $kgCO_2/m^2$）。从单位能耗碳排放因子看，2017 年城镇居住建筑单位能耗碳排放因子为 2.38 $kgCO_2/kgce$，高于公共建筑（2.11 $kgCO_2/kgce$）和农村居住建筑（1.88 $kgCO_2/kgce$），如图 10 所示。

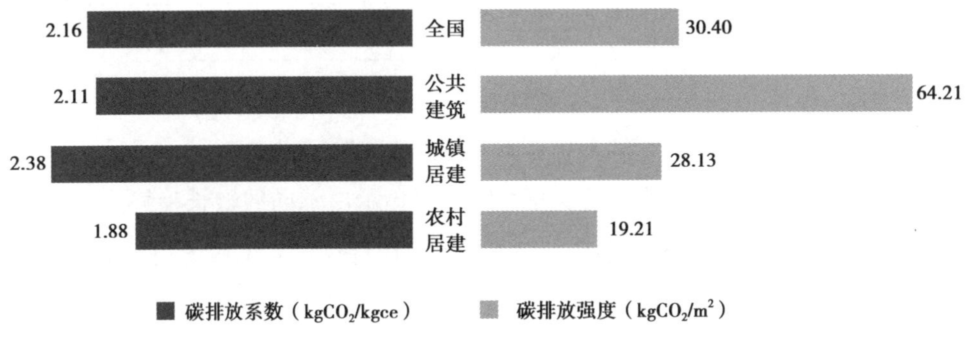

图 10　2017 年中国分类型建筑碳排放强度

5.2　全国建筑碳排放时间序列变化特点分析

2000—2017 年，全国建筑碳排放总量呈现持续增长趋势（图 11），从 2000 年的 6.68 亿 tCO_2，增长到 2017 年的 20.44 亿 tCO_2，增长了约 3 倍，年均增长 6.8%。

“十一五”以来，全国建筑碳排放总量的年均增速呈现出下降趋势，从“十五”时期的年均增速 10.85%下降到“十二五”时期的 3.82%，十八大以来，全国建筑碳排放年均增速下降至 3.13%,降幅约 71%(图 12)。

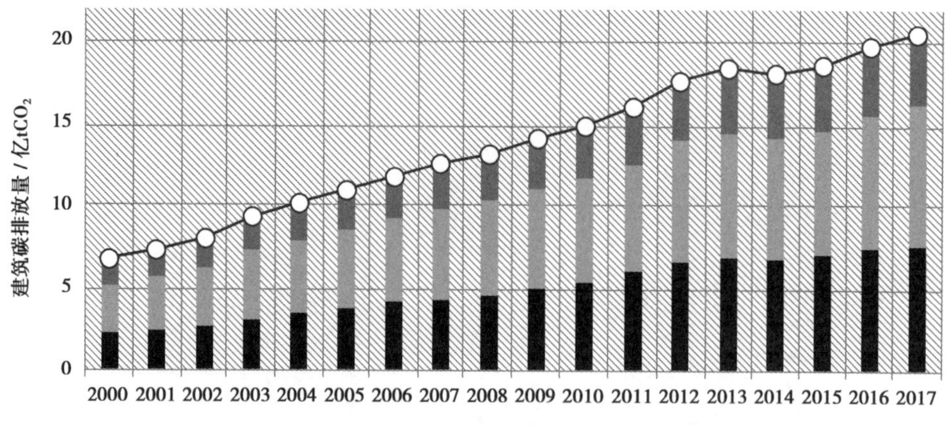

图 11　2000—2017 年全国分类型建筑碳排放总体情况

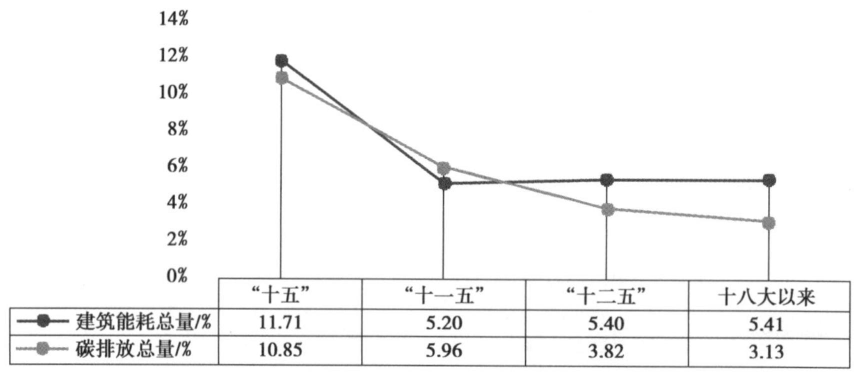

	“十五”	“十一五”	“十二五”	十八大以来
建筑能耗总量/%	11.71	5.20	5.40	5.41
碳排放总量/%	10.85	5.96	3.82	3.13

图 12　“十五”到“十二五”中国建筑碳排放年均增速

公共建筑单位面积碳排放强度在不同时期显示出不同的增长趋势。“十五”时期,公共建筑单位面积能耗强度呈现出较快的增长趋势,年均增长率为 4.8%。“十一五”时期,随着我国建筑碳减排工作的推进,公共建筑单位面积碳排放强度的增速有所放缓,下降到年均增长 1.46%。“十二五”时期,自 2012 年起,公共建筑单位面积碳排放强度呈现下降趋势(图 13)。

城镇居住建筑单位面积碳排放强度在总体上保持稳定,“十五”和“十一五”时期呈现出小幅增长趋势。与公共建筑类似,自 2012 年起,城镇居住建筑单位面积碳排放强度呈现出较为明显的下降趋势(图 14)。

2000—2017年,农村居住建筑单位面积碳排放强度总体上呈现上升趋势,年均增长率为5.6%。2014年,农村居住建筑单位面积碳排放强度出现了小幅下降,之后又继续呈现出上升趋势(图15)。

相比于公共建筑和城镇居住建筑,农村居住建筑单位面积碳排放强度并没有呈现明显的稳定或下降趋势,而是呈现出持续上升的趋势,这是由于我国农村地区建筑节能减排工作滞后,农村居住条件大幅度改善后,用能需求增长,商品能源消费比例上升。

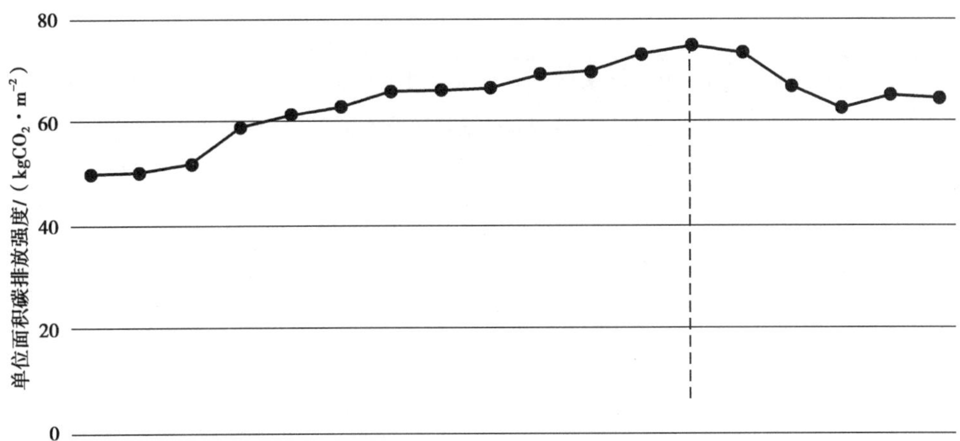

图13 公共建筑单位面积碳排放强度变化特点

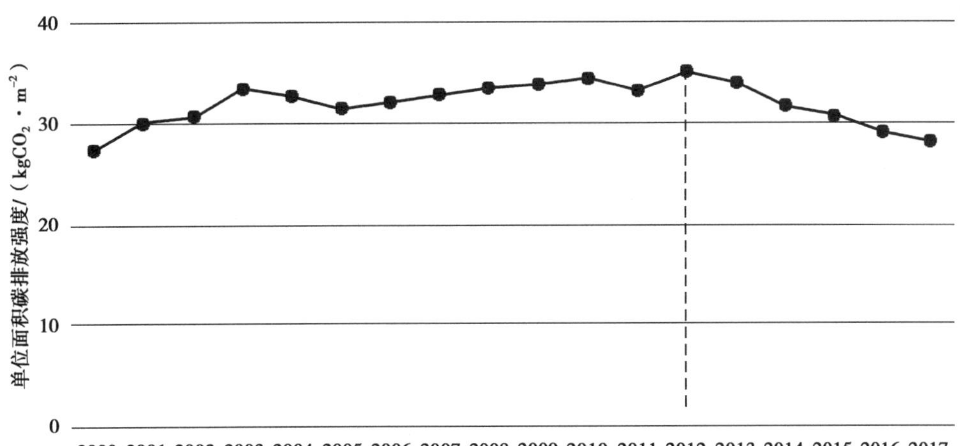

图14 城镇居住建筑单位面积碳排放强度变化特点

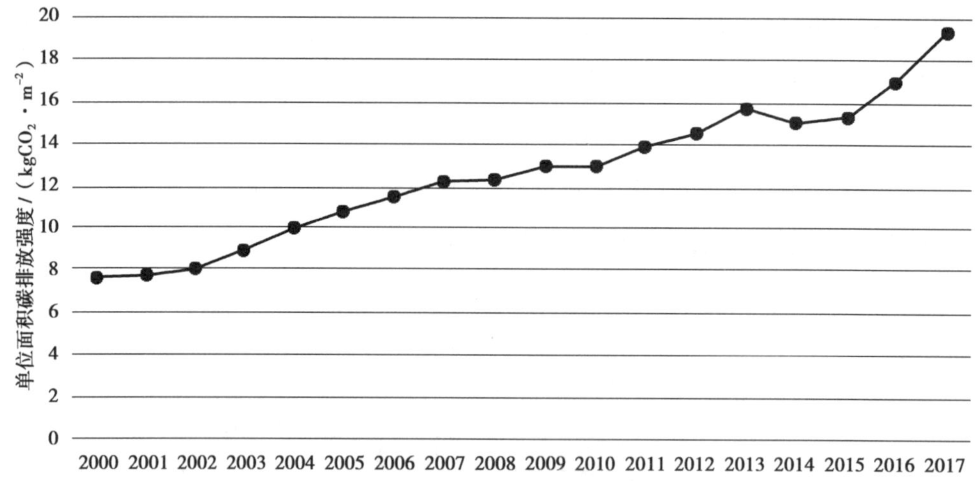

图 15　农村居住建筑单位面积碳排放强度变化特点

6　结论与建议

本文基于建筑能耗拆分模型和排放因子法，建立了全国建筑碳排放计算模型，计算 2000—2017 年全国建筑碳排放量并对建筑碳排放数据进行分析，得出下述结论。

①2000—2017 年，全国建筑碳排放总量呈现持续增长趋势，年均增长率达 6.8%，2016 年建筑碳排放总量达到了 20.44 亿 tCO_2，我国建筑部门节能减排压力巨大。“十一五”以来全国建筑碳排放增速明显下降，增速下降超过 60%，十八大以来，全国建筑碳排放增速下降到 3.13%，这得益于我国建筑节能工作的推行，也为实现中国 2030 年碳排放达峰承诺打下了基础。

②我国建筑碳排放的主要来源为电力、热力和化石燃料，其中电力和热力这两类二次能源贡献了超过 70%的建筑碳排放，而我国的电力和热力生产主要依靠燃煤，煤的消耗占全国建筑能耗总量的 76%。我国未来的建筑碳减排工作需要落实到优化建筑能源结构上，增加清洁能源发电、热电联产和清洁供热所占比例。

③2012 年以来，城镇居住建筑碳排放强度下降 20%，公共建筑碳排放强度下降 13%，单位面积能耗碳排放下降 9.5%，这与近年来中国不断推进建筑节能工作的进行有着重要关系。但 2017 年公共建筑单位面积碳排放强度是城镇居建的 2.3 倍和农村居建的 3.3 倍，农村居建的单位面积排放强度也呈现出持续增长的趋势。因此，未来的建筑碳减排工作需要将重点落到公共建筑和农村居民建筑上。

我国的建筑节能和碳减排工作的推进需要宏观数据的支撑。基于排放因子法的全国建筑碳排放计算模型,分类建筑能源消费量、电力碳排放因子和热力碳排放因子的计算基础数据均来源于能源平衡表,化石能源碳排放因子的计算基础数据为国家公开数据,保证了计算结果的权威性和一致性。

参考文献

[1] 中国建筑节能协会能耗统计专业委员会.2018 中国建筑能耗研究报告[J].建筑,2019(2):26-31.

[2] 中国建筑节能协会能耗统计专业委员会.《中国建筑能耗研究报告(2016)》发布[J].暖通空调,2016,46(12):148.

[3] 政府间气候变化专门委员会(IPCC).2006 年 IPCC 国家温室气体清单指南[M].东京:全球战略研究所,2006:1-10.

[4] 刘竹,耿涌,薛冰,等.城市能源消费碳排放核算方法[J].资源科学,2011,33(7):1325-1330.

[5] 黄丽君.建筑全生命周期碳排放测算研究[J].城市建设理论研究:电子版,2018(21):74.

[6] 刘菁,刘伊生,杨柳,等.全产业链视角下中国建筑碳排放测算研究[J].城市发展研究,2017,24(12):28-32.

[7] 叶瑞克,李亦唯,高壮飞,等.城市建筑群碳排放核算模型构建与实证研究[J].资源开发与市场,2017,33(11):1295-1299.

[8] 白佳令.重庆地区建筑碳排放核算方法研究[D].重庆:重庆大学,2017.

[9] CLAUDIA S,BELIZZA J R,LETICIA O.Energy consumption and related CO_2 emissions in five Latin American countries: Changes from 1990 to 2006 and perspectives[J].Energy,2011,36(6):3629-3638.

[10] 张智慧,刘睿劼.基于投入产出分析的建筑业碳排放核算[J].清华大学学报:自然科学版,2013,53(1):53-57.

[11] JIANG T Y,HUANG S J,YANG J.Structural carbon emissions from industry and energy systems in China: An input-output analysis[J].Journal of Cleaner Production,2019(240),116-118.

[12] 国家环境保护总局规划与财务司.环境统计概论[M].北京:中国环境科学出版社,2001.

[13] 林学山,彭家惠,姜涵.重庆市建筑能耗宏观统计和计算研究[J].建筑节能,2008(12):55-57.

[14] 刘昌平,陆宁,张静晓,等.2003—2007 年的中国城镇建筑能耗分类和地区分析[J].建筑节能,2009,37(12):51-56.

[15] 刘兴民,薛一冰,王昭,等.建筑能耗计算方法实践应用及分析[J].建筑节能,2015,43(7):90-94.

[16] 蔡伟光,李晓辉,王霞,等.基于能源平衡表的建筑能耗拆分模型及应用[J].暖通空调,2017,47(11):27-34.

[17] 清华大学建筑节能研究中心.中国建筑节能年度发展研究报告 2019[M].北京:中国建筑工业出版社,2019:11-12.

收稿日期:2020 年 3 月 5 日。

作者简介:蔡伟光,男,副教授,博士,主要研究方向:建筑能源与碳排放。E-mail:wgcai@ cqu.edi.cn;

蔡彦鹏,男,硕士研究生,主要研究方向:建筑能源与碳排放。

多中心山地城市住宅价格空间特征及影响机制
——以重庆主城区为例

毛　超*，张琳琳，刘　勇，陈春江
（重庆大学 管理科学与房地产学院，重庆 400044）

摘　要：城市住宅价格在不同区位具有显著的空间差异，形成空间不均衡现象。本文以重庆主城区为例，基于 2011—2017 年 476 个新开盘项目的住宅价格数据，通过 ESDA 和克里金插值法分析了住宅价格的空间特征，依据特征价格理论选取 8 个影响因素，通过构建 PLS 和 GWR 模型讨论住宅价格的影响机制。研究表明：①住宅价格的空间分布不均且形成多个峰值点。②市中心、地铁、重点中小学、三甲医院、市级公园、江景对住宅价格具有显著的提升效应。③商业和设施空间分布异质性高，推动了邻近区域的住宅溢价；交通可达性显著提高了城市核心区外围的住宅价格；景观舒适性促进了两江交汇处和北部沿江地区的房价增值。在“多中心组团式”格局的引导下，重庆各中心和组团的邻近性、可达性和景观禀赋各不相同，这较好地解释了住宅价格的空间异质性。

关键词：重庆主城区；住宅价格；空间特征；影响机制
中图分类号：TU984　　　　**文献标识码：**A

Spatial Characteristics and Influencing Mechanism of Housing Price in Polycentric Mountainous City —A Case Study of Chongqing Central City

MAO Chao*, ZHANG Linlin, LIU Yong, CHEN Chunjiang
(School of Management Science and Real Estate, Chongqing University, Chongqing 400044)

Abstract: Urban housing prices have significant spatial differences in different locations, with a spatial imbalance created. This paper takes Chongqing's central area as an example, based on housing price data for 476 newly-opening projects for 2011-2017. The ESDA and Kriging interpolation methods were used to analyze the spatial characteristics of residential prices. 8 influencing factors were selected based on the characteristic price theory and the impact mechanism of residential prices was discussed through the construction of PLS and GWR models. The results show that: ①The spatial distribution of housing prices is inhomogeneous with multiple peaks; ②The city center, the subway, the key primary and secondary schools, third level 1st class hospital, the municipal parks, and the river views have a significant increase in housing prices; ③The highly spatial heterogeneity of the commercial and facility promotes the premium of houses in the neighboring areas; transportation Accessibility significantly increases the housing prices outside the core areas of the city; landscape comfort boosts the appreciation of housing prices at the junction of two rivers and in the north houses along river. Under the guidance of the "multi-center group structure", the proximity, accessibility, and landscape endowments of Chongqing's centers and groups are different, which explains the spatial heterogeneity of housing prices.

Key words: Chongqing central city; Housing price; Spatial characteristics; Influence mechanism

1 引 言

伴随着快速的城市化进程,我国有一半以上的城市从单中心向多中心空间结构转变,这一转变产生了显著的经济、社会和生态效应[1]。就住宅价格而言,单中心城市住宅价格呈现典型的圈层式分布,随着与市中心距离的增加出现显著的衰减[2]。随着城市不断向外拓展,郊区住宅价格不断提升,由内及外呈现波浪式增长趋势[3]。相比而言,多中心城市的住宅价格则呈现出典型的空间不均衡性,除市中心具有住宅价格的高峰值外,在市中心外围也形成了住宅价格的多个次高峰。我国很多城市的住宅价格不断攀升且居高不下,是全社会高度关注的热点话题。而单中心向多中心城市的演变,是否推动了住宅价格的扁平化和均等化,是否具有更好的空间经济绩效,则成为学术界研究的焦点问题。

与平原城市更多是人为推动的多中心转型相比,山地城市的多中心空间结构则可能是山水约束下的被动选择和"有机分散、适度集中"理念下的主动适应[4]。我国山地城市占全部城市数量的三分之一,多中心结构是很多山地城市的自然选择和悠久传统[5]。在这个意义上，山地城市的住宅价格是否具有更好的空间绩效，是一个十分有趣的问题。李清峰等[6]人对重庆的研究发现，山地城市的“多中心组团式”的城市空间结构，使住宅价格具有典型的空间不均衡特征。不同中心和组团之间有机分散与分片集中，形成了较好的空间替代，增加了住房的有效供给，改善了住房市场的区位垄断状况，从而达到了平抑房价的效果。相比北京和上海等直辖市、成都和昆明等西南部省会城市，重庆形成了“高经济、低房价”的现象，而这与重庆的“多中心组团式”密不可分，从而引起学术界的热议。这一研究采用空间分析方法，分析了各城市要素与住宅价格的空间分布特征，并深入探讨了住宅价格的影响机理，但遗憾的是，并未采用空间计量模型进行严格的计量分析。

因此，本文拟以重庆这一典型的山地城市为例，依据特征价格理论，采用GWR[7]等空间计量模型分析住宅价格的空间非平衡性，并探讨住宅价格的影响因素及其作用机制。本文的主要切入点在于：相比于大量基于平原城市的研究[8-11]，本文重点对山地城市的住宅价格的多中心性和非平稳性进行了探讨，是对已有研究[12]的有益补充；本文在前人[13]的基础上，引入了严格的空间计量模型，对多中心山地城市的住宅价格影响机制进行剖析，更易控制相关因素的交互影响，显著增强模型的解释能力。本文的研究成果，可以更好分析区位对住宅价格的影响，从而为多中心转型和调控住宅价格决策提供有益参考。

2 研究区域、方法与数据

2.1 研究区域

本文选择重庆主城区的中心城区为研究区域，如图 1 所示。重庆是中国最典型且最大的多中心组团型的山地城市[4]，对多中心山地城市极具有代表性。重庆地处中国内陆西南地区，全市总面积 82 400 km^2，其中主城区仅占 6.64%。截至 2016 年年末，承载了主城区全市常住人口的 27.94%，GDP 达到 7 646.89 亿元，占全市的 43.55%。2017 年 8 月重庆新建商品住宅均价为 10 403 元/m^2。主城区由于长江和嘉陵江的交汇和中梁山、铜锣山的存在，形成了山水分割的局面，并且由于历史和生产建设的原因，长久以来巩固了其多中心组团的空间结构。

2.2 研究方法

本文通过探索性空间数据分析和克里金插值法探讨住宅价格的空间特征，通过构建 PLS 作为传统特征价格模型，从全局角度出发识别显著影响因子及其正负影响效应;构建 GWR 模型从局部观点验证影响因子的空间异质性以及对住宅价格影响的非平稳性,分析住宅价格的影响机制,如图 2 所示。

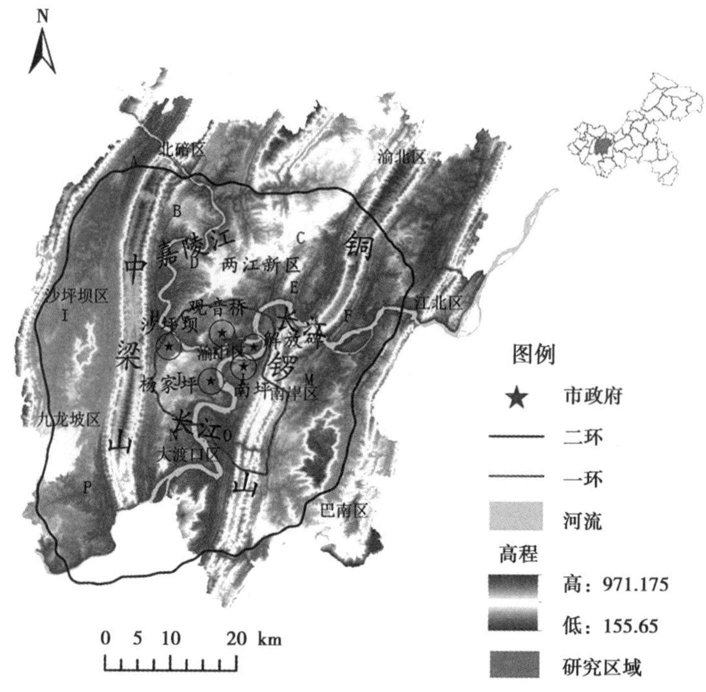

A—北碚组团;B—蔡家组团;C—两路组团;D—大竹林—礼嘉组团;E—唐家沱组团;F—鱼嘴组团;G—观音桥—人和组团;H—沙坪坝组团;I—西永组团;J—大杨石组团;K—渝中组团;L—南坪组团;M—李家沱—鱼洞组团;N—大渡口组团;O—茶园—鹿角组团;P—西彭组团

图 1 研究区域概况及示意图

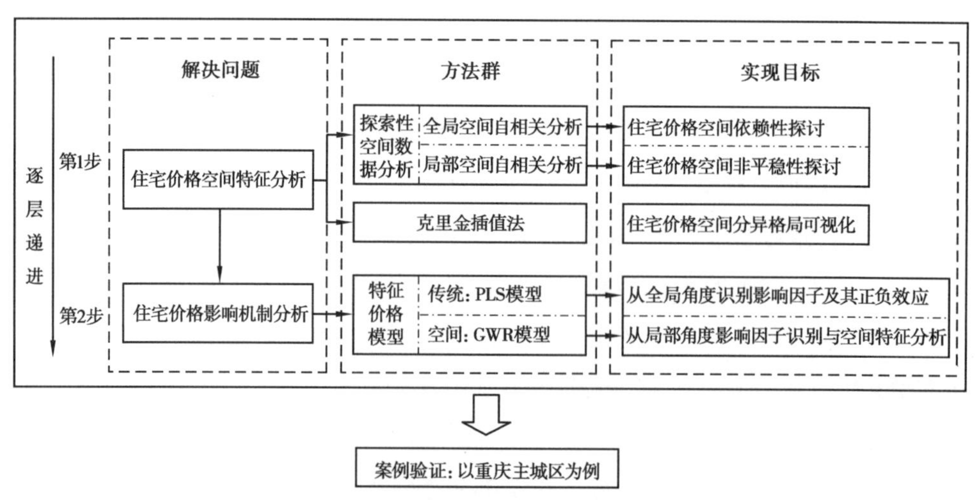

图 2 研究内容

2.2.1 探索性空间数据分析

探索性空间数据分析(ESDA)分为全局和局部两种空间关联分析。全局空间自相关分析通常采用 Moran's Ⅰ指数,衡量区域之间整体上的空间关联与空间差异程度,表明住宅价格总体在空间上的平均关联程度。而局部空间关联分析则利用 local Moran's Ⅰ指数来进一步揭示住宅价格在局部空间位置上的关联程度。

采用克里金插值法探究住宅价格的空间分异规律。将对数化变换后的住宅价格样本点数据经 QQplot 图证明数据符合正态分布之后,运用克里金插值将离散的样本点住宅价格数据值转换为连续的数据面数据,观测其空间分布格局。

2.2.2 影响机制模型选择

(1)特征价格模型

特征价格理论[14]是处理异质产品差异特征与产品价格间关系经常采用的理论,于 1967 年被 Ridker 引入房地产市场,用于分析住宅外部环境对房价的影响。其传统模型公式如下。

$$\mathrm{HP}_i = \alpha_0 + \sum_{k=1}^{k} \alpha_i X_{ki} + \varepsilon$$

式中,HP_i 为住宅样本点 i 的价格,元/m^2;X_{ki} 为住宅样本点 i 在 k 影响因素下的特征变量;α_i 为住宅价格的特征影响系数,表征着特征的价格弹性;α_0 为影响房价变化的常量项之和;ε 为随机误差项。

住宅价格的差异是多个变量共同作用的结果,很多学者[9]基于特征价格理论运用普通最小二乘回归模型(OLS)进行住房价格的研究,而采用 OLS 分析时又难免会出现克服解释变量之间的多重共线性现象,学者罗罡辉[15]也证实了这一点。多重共线性会导致回归系数正负不符合预期判断、结果不显著等影响。偏最小二乘回归模型(PLS)集多元线性回归分析、变量的主成分分析和变量间的典型相关分析的基于功能于一体[16],在自变量之间存在相关性的条件下进行回归建模,辨别系统中的信息和噪声,易于有效识别出对因变量作用显著的影响因素。并且最终的预测模型中包含原有全部自变量,以最大限度地利用数据信息,使建模回归结果更稳定可靠。故本文选择 PLS 模型作为传统特征价格模型影响因子对区域房价整体作用的正负效应和显著性。

(2)地理加权回归模型

住宅价格影响因子在空间上的分布差异称为空间异质性,住宅价格和基础设施资源因地理位置的变化而引起的变量间关系或结构的变化又称为空间非平稳性[17]。然而传统的估价模型大部分都是基于空间均值的假设展开的，以固定的系数来表示变量的影响，如 OLS、PLS 模型。但房价的空间不平稳现象属于局域空间分析的范畴，GWR 模型以研究数据的空间非平稳性为假设条件，将空间矩阵的概念引入传统的线性回归模型中，是优化的空间线性回归模型[18]，其优势在于自变量的回归系数随着空间地理位置的变化而变化，即同一解释变量在不同地区间的影响作用差异使得自变量的回归系数呈现地理变异性。GWR 模型公式如下：

$$HP_i = \beta_0(u_i, v_i) + \sum_{k=1}^{k} \beta_k(u_i, v_i) X_{ki} + \varepsilon_i$$

式中，$\beta_0(u_i, v_i)$为样本点(u_i, v_i)的常数项，$\beta_k(u_i, v_i)$为样本点的特征弹性系数，ε_i为样本点处的随机误差项。

本文采用 Adpatived bi-square 函数作为空间权重函数选取内核带宽，bi-square 函数表示权重大小随距离衰减，其带宽决定了局域空间范围的大小，只有带宽范围内的样本点才对当前观测点产生影响作用。在 adpatived（调整型）的情况下，可以自适应调整带宽大小。权重函数公式如下：

$$w_{ij} = \begin{cases} (1 - d_{ij}/\theta_{i(k)})^2, & d_{ij} < \theta_{i(k)} \\ 0, & d_{ij} > \theta_{i(k)} \end{cases}$$

式中，w_{ij}表示第 j 个数据点与第 i 个样本点的回归权重值，d_{ij}表示 i 和 j 之间的欧氏距离，$\theta_{i(k)}$是第 k 个最近邻居的自适应带宽大小。

本文采用选取 PLS 模型作为传统的特征价格模型，GWR 作为空间特征价格模型进行住宅价格影响机制的分析与研究，力求从不同角度出发识别出对房价影响显著因子并进行对比分析。

2.3 模型变量的选择

本文依据特征价格理论，在借鉴前人经验[8-11,13,19]的基础上结合实际，选取城市中心作为商业邻近性因素，选取地铁和公交车作为交通可达性因素，教育和医疗设施作为设施邻近性因素，公园和江景资源作为景观宜人性因素，构成表 1 所列影响因素。其中，影响因子的回归系数为正，则表明该自变量对其周边住宅价格产生正影响效应，回归系数为负则产生负的影响效应。

表 1 影响因素的选取

分类	影响因素	变量符号	变量描述	预期符号
商业邻近性	城市中心	D_cent	到最近城市中心（解放碑、观音桥、沙坪坝、杨家坪、南坪）欧氏距离的对数值	-

续表

分类	影响因素	变量符号	变量描述	预期符号
交通可达性	交通	D_metro	到最轨道站点欧氏距离的对数值	-
		N_bus	500 m 范围内的公交车站个数的对数值	+
设施邻近性	教育	D_pri	到最近重点中小学欧氏距离的对数值	-
		D_coll	到最近重点本科院校欧氏距离的对数值	-
	医疗	D_hosp	到最近三甲医院欧氏距离的对数值	-
景观宜人性	公园	D_park	到最近较大公园欧氏距离的对数值	-
	江景资源	D_river	到最近长江、嘉陵江欧氏距离的对数值	-

2.4 数据处理

本文选取重庆主城区自 2011 年 1 月 1 日—2017 年 12 月 31 日的新开盘项目价格为研究对象,数据来源于 CREIS 中指数据,筛选出未装修的普通住宅作为研究样本。根据房天下重庆近七年每个月的房价指数对样本点住宅价格开盘时间统一修正到 2017 年 12 月,且根据重庆统计信息网近七年每个月的 CPI 居住消费价格指数消除了通货膨胀。利用 boxplot 进行异常值[18]处理,最终保留 476 个样本。

3 结　果

3.1 住宅价格空间特征

通过住宅价格探索性空间数据分析,全局 Moran's Ⅰ指数为 0.553 2,表明重庆主城区的样本点住宅价格在空间上呈现显著的正空间依赖性性,其相关性随空间距离的增加而趋于减弱[20]。局部 Moran's Ⅰ指数为 0.616 8,表明大多数样本点位于一、三象限,说明大部分高房价地区被高房价区域包围,低房价地区被低房价区域包围,表示住宅价格空间集聚现象明显,但仍然表现出一定差异性。通过探索性空间数据分析的研究,说明重庆主城区住宅价格空间结构是不稳定的,住宅价格样本点在空间上存在不同程度的空间相关性,这也为 4.3 节的 GWR 模型应用奠定了基础。

如图 3 所示,通过克里金插值展现了住宅价格在空间上的不规则变化,证明了其在空间上是非平稳性的。重庆主城住宅价格空间分布特征:①总体上呈现中部高四周低的格局。中部五大商圈基本覆盖了城市核心区,观音桥、沙坪坝、南坪、杨家坪作为城市的副中心,与城市的主中心解放碑周围的房价空间作用模式一致,房价溢出效应明显,表明了四大次中心的发育成熟。五大城市中心区域等值线分布密集,住宅价格变化较快,即距离城市核心区通勤时间越短,房价越高。②呈现北高南低的空间格局,尤其北部两江新区的住宅价格与周围相比较高且向四周衰减明显。③呈现多个中心鼎立的分异格局,北碚组团、两路组团、唐家沱组团和茶园—鹿角组团等地的房价明显高于其邻近房价的态势,住宅价格在空间上呈现多个峰值分布。④房价最高峰值点基本位于两江交汇处附近,其他高价住宅也大多位于沿江附近的各个组团,且由于中梁山、铜锣山形成的空间分割,形成了明显的房价"洼地"。总的来说,住宅价格在空间上呈现了明显的多中心格局,空间差异程度较大,具有非平稳性。

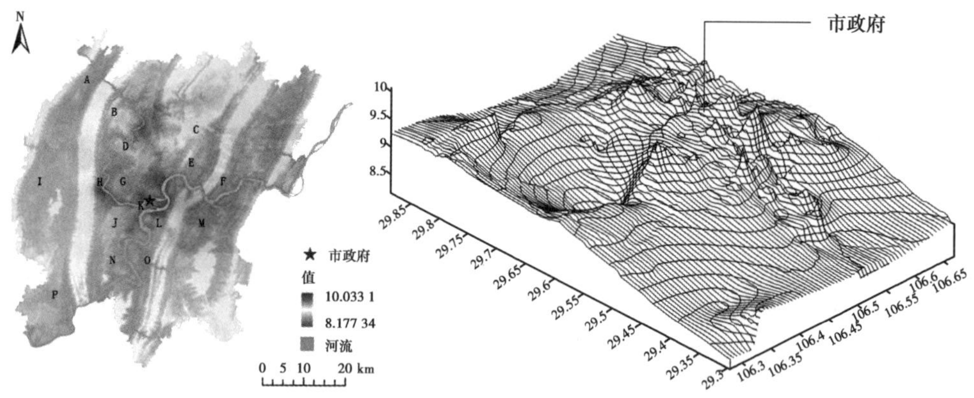

A—北碚组团;B—蔡家组团;C—两路组团;D—大竹林—礼嘉组团;E—唐家沱组团;F—鱼嘴组团;

G—观音桥—人和组团;H—沙坪坝组团;I—西永组团;J—大杨石组团;K—渝中组团;L—南坪组团;

M—李家沱—鱼洞组团;N—大渡口组团;O—茶园—鹿角组团;P—西彭组团

图 3 住宅价格克里金插值二维与三维效果图

3.2 住宅价格影响机制

3.2.1 PLS 模型结果

一般情况来说,当 VIF 方差膨胀因子大于 10 时具有多重共线性。经诊断,发现解释变量之间的 VIF 值为 1.102~3.362,然而 OLS 模型的拟合效果较差。故可以认为数据具有一定程度的多重共线性,虽然程度较小但不可忽略不计。通过相关系数验证,各自变量之间具有一定的相关性。运用 PLS 模型,根据交叉有效性原则,提取两个主成分[21],对自变量、因变量的累计解释能力分别为 56.46% 和 44.16%。经测试若再提取一个甚至多个主成分,增加贡献率幅度不大,虽然能小幅度提高模型拟合精度,但会因为引入无关的噪声发生过拟合,而导致预测精度反而降低,故最终提取两个成分。

表 2　PLS 模型估计结果

Variables	Estimate	Std. Error	Df	t value	Pr(>|t|)	Sig.
D_cent	−0.050 411 5	0.003 620 1	475	−13.925 5	<2.2e−16	* * *
D_metro	−0.023 220 4	0.004 232 4	475	−5.486 3	6.686e−08	* * *
N_bus	0.002 812 0	0.004 291 3	475	0.655 3	0.512 6	
D_pri	−0.023 248 8	0.003 227 7	475	−7.202 9	2.326e−12	* * *
D_coll	−0.005 546 1	0.003 410 8	475	−1.626 0	0.104 6	
D_hosp	−0.049 282 0	0.003 681 5	475	−13.386 5	<2.2e−16	* * *
D_park	−0.037 393 3	0.003 786 0	475	−9.876 7	<2.2e−16	* * *
D_river	−0.032 385 6	0.004 096 8	475	−7.905 2	1.885e−14	* * *

注：显著水平：0‘ * * * ’　0.001‘ * * ’　0.01‘ * ’　0.05‘.’　0.1‘ ’　1。

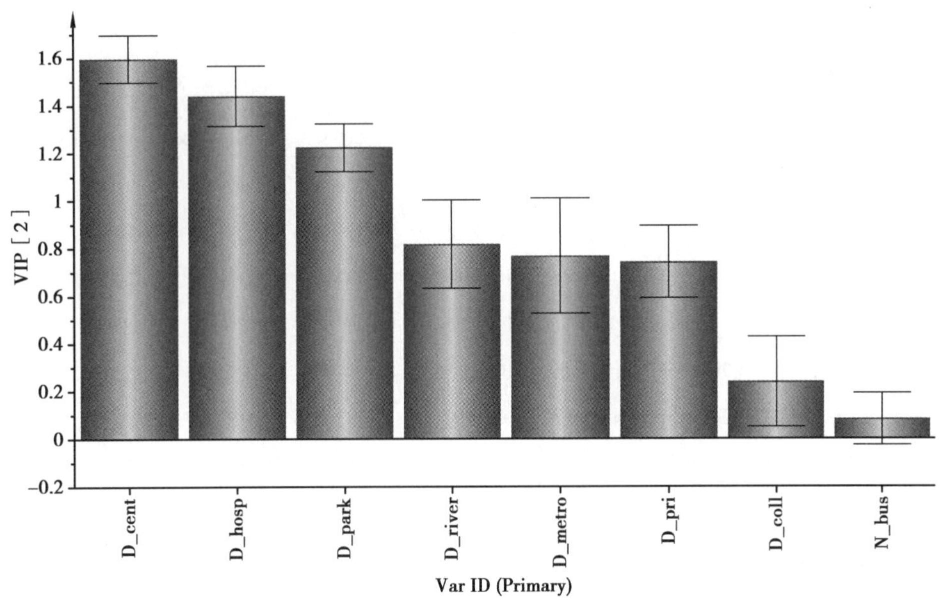

图 4　各自变量在解释因变量时所起到的重要性

变量投影重要性指标（VIP）图总结了自变量的重要性，以解释自变量与因变量之间的相关。一般认为大于 1 的 VIP 值表示重要的自变量，低于 0.5 则表示不重要的自变量。图 4 表示置信区间为 95% 的 VIP_k 值排序：$VIP_{D\_cent}>VIP_{D\_hosp}>VIP_{D\_park}>VIP_{D\_river}>VIP_{D\_metro}>VIP_{D\_pri}>VIP_{D\_coll}>VIP_{N\_bus}$。影响住宅价格差异的最重要因素是距离 CBD、三甲医院和公园的远近，同时结合表 2 模型结果来看，距离 CBD、医院和公园越近，房价越高。江景资源、地铁站点对周围住宅具有增值效应，即绿化设施越好、交通越便利,则房价越高。住房距离重点中、小学越近,其价格越高。而距离重点本科院校越近或者住宅方圆 500 m 范围内的公交车站点的数量越多,虽对房价产生正效应,但影响不显著。

3.2.2 GWR 模型结果

如表 3 所示,GWR 模型估计影响因子回归系数的最小值、最大值、上四位数、下四分位数、平均数和中位数等信息。采用统计量 t 对回归系数进行检验,检验概率 p 值均小于显著性水平 0.001,表示各个影响因子的回归系数在空间位置上的变化非常显著,证明了影响因子具有空间异质性。GWR 模型调整后 R^2 为 0.658,较 PLS 模型来看拟合精度提升。影响系数正负值变化表示对样本点住宅价格影响的正负效应,将影响因子的回归系数进行克里金插值实现影响因子空间特征呈现,如图 5 所示。

表 3 GWR 模型估计及检验结果

Variable	Min	Max	Mean	Lwr Quartile	Median	Upr Quartile	t	p-value
Intercept	8.445 077	17.023 852	10.887 869	10.210 970	10.885 899	11.465 548	248.409	0.000
D_cent	−0.547 934	0.461 074	−0.120 425	−0.212 827	−0.089 368	−0.053 185	−31.999	0.000
D_metro	−0.115 045	0.023 342	−0.023 752	−0.036 269	−0.019 666	−0.010 811	−34.540	0.000
N_bus	−0.161 990	0.063 205	−0.032 448	−0.059 700	−0.037 474	−0.011 112	−19.042	0.000
D_pri	−0.167 325	0.286 239	0.056 775	0.003 014	0.036 876	0.126 621	18.110	0.000
D_coll	−0.268 090	0.200 158	0.047 695	0.011 194	0.053 935	0.105 478	12.384	0.000
D_hosp	−1.001 180	0.242 156	−0.081 726	−0.119 142	−0.083 726	−0.053 167	−26.565	0.000
D_park	−0.154 765	0.127 686	−0.012 135	−0.050 192	−0.015 376	0.018 055	−8.285	0.000
D_river	−0.126 558	0.052 329	−0.042 351	−0.061 897	−0.051 801	−0.032 269	−21.914	0.000

注:R^2 = 0.658 0;adjusted R^2 = 0.658 039;F = 5.665 098;sig. = 0.000

(1)商业邻近性对房价的影响

如图 5(a)所示,城市主、次中心对周围房价影响系数绝对值与其他影响因子相比较大,说明 CBD 影响效应最为显著,对房价产生较大的溢价效应的地方主要集中在渝中半岛地区。

(2)交通可达性对房价的影响

如图 5(b)所示,地铁站点对交通较不便利的城市核心区外围影响作用显著,对其周边的住宅价格有较大的增值效应，对中梁山以东地区的2011年开通的地铁1号线站点的周边房价影响效应尤其显著，以及2016年通车的远离城市核心区的地铁3号线北延伸段空港线，和2013年通车的地铁6号线蔡家到礼嘉段，周边房价的大幅上涨。

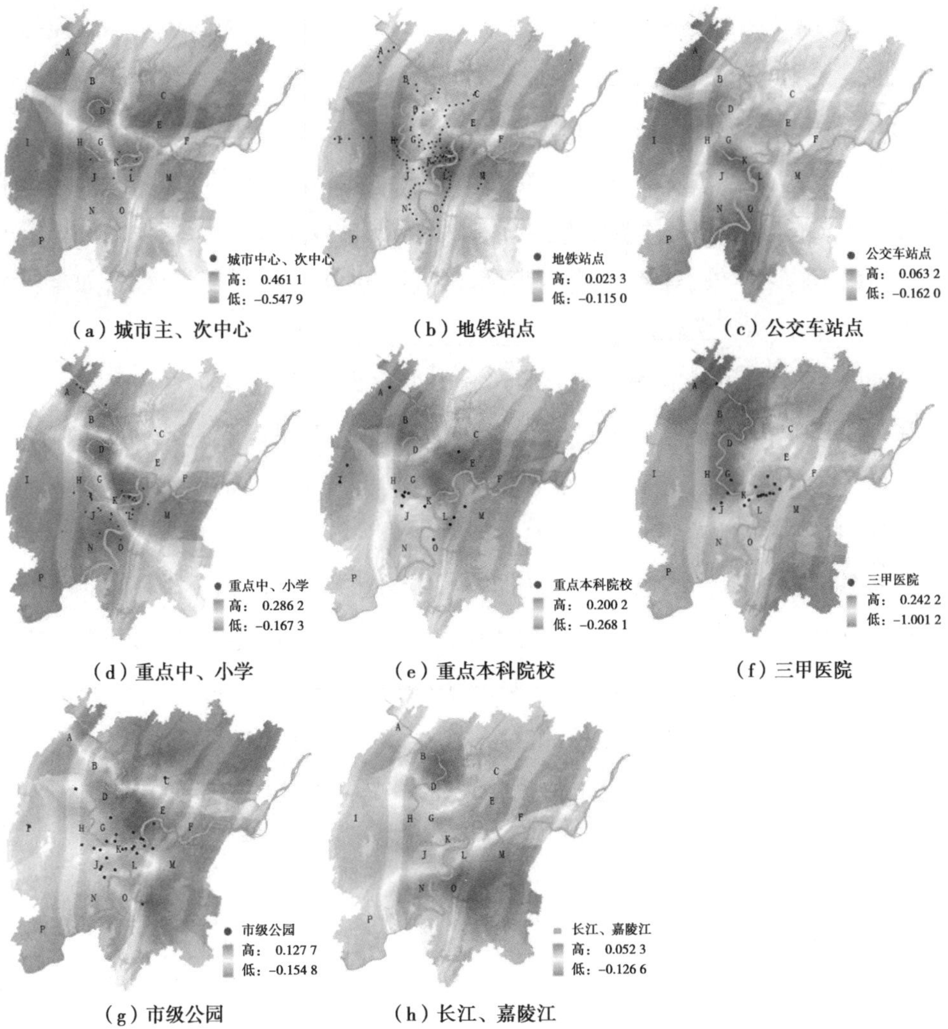

(a) 城市主、次中心　(b) 地铁站点　(c) 公交车站点

(d) 重点中、小学　(e) 重点本科院校　(f) 三甲医院

(g) 市级公园　(h) 长江、嘉陵江

A—北碚组团；B—蔡家组团；C—两路组团；D—大竹林—礼嘉组团；E—唐家沱组团；F—鱼嘴组团；G—观音桥—人和组团；H—沙坪坝组团；I—西永组团；J—大杨石组团；K—渝中组团；L—南坪组团；M—李家沱—鱼洞组团；N—大渡口组团；O—茶园—鹿角组团；P—西彭组团

图5　住宅价格影响因子回归系数空间分布图

如图5(c)所示，小区方圆500 m范围内的公交站点个数越多，交通可达性越好。公交车这一基础交通设施在沿长江、嘉陵江地区以及北碚组团、两路组团、唐

家沱组团、西彭组团地区，对周围房价的抬升产生了显著正效应。

(3)设施邻近性对房价的影响

如图5(d)所示，重点中、小学作为重要的基础教育设施资源，主要集中在沙坪坝区、渝中区、北碚区的北碚组团附近，自2014年出台了“划片区入学”政策以来，形成的“空间红利”使周边房价出现了高溢价现象。教育资源的集中不仅能提高周边的人文环境和文化气息，也能带动周围的商业发展。比如沙坪坝区教育资源雄厚，学区房房源竞争激烈，带动了房价飙升。

如图5(e)所示，重点本科院校作为高等教育资源，虽然可以给周围带来一个良好的人文底蕴环境，但不像中小学有划片区入学的政策，故不具备明显的增值能力。但由于缺乏学校“驻扎”的住宅地区却体现了大学边际增值的潜力，如重庆大学虎溪校区、西南大学附近。

如图5(f)所示，三甲医院多分布在渝中半岛地区，说明医院这种公共服务设施在空间分布不均匀，对周围房价产生附加值效应的三甲医院主要位于两江交汇处附近。

(4)景观宜人性对住宅价格的影响

如图5(g)所示，市级公园对九龙坡区、两路组团等远离城市核心区的房价影响作用较为显著。其中对号称“城市后花园”的北碚区影响不明显，因其森林覆盖率相对较高，片区的绿色景观资源普遍较为丰富，差异不大。

如图5(h)所示，长江、嘉陵江作为重庆主城区独特稀有的江景资源，对沿江地区周围的房价产生了较大的附加值效应，结合图2可以看出，江景资源扩大了住宅价格的峰值分布。

4 讨 论

4.1 住宅价格空间特征分析

由于山水分割的自然地貌、政治经济文化的历史变革形成的建设需求以及长期以来的资源分配不均衡[4-6]等原因奠定了重庆多中心组团式的空间格局，图2也证明了重庆主城区住宅价格在空间上具有多中心、非平稳的特征和空间分割现象，住宅价格有以下特征：

①呈现中部高四周低的格局。五大城市中心的房价形成五大峰值，所围成的中部城市核心区普遍高于周围，因重点中小学和三甲医院等设施大多集中在老城

区,江景资源扩大了城市中心的影响范围,资源的空间分配不均衡导致了住宅价格的差异。

②呈现北高南低的态势。一是自 2010 年两江新区的成立,到 2015 年的中新合作项目、2016 年重庆自贸区的设立,大量的国家政策都投放在北部区域,成为吸纳外资企业投资、就业机会增长的重点片区,在这里开发的住宅项目品质较高,且景观宜人性和交通便利性因素给住宅带来了附加值效应,如两路组团、大竹林—礼嘉组团处的住宅价格较高;二是主城区的中南部是传统的老工业区,污染较为严重,新开发难度大,房价相比北部片区较低。

③呈现多中心的分异格局。即除了城市中心之外也在各个组团处形成房价小峰值。组团内设施配套较为完善,功能较为齐全,比如西永作为新兴的城市副中心,是吸引外资的高新产业高地,对周边房价有着巨大的增值效应。然而,各个组团的房价虽与周边相比较高,但与城市核心区相比还有一定的差距。究其原因,各组团内部虽达到了一定程度的功能平衡但由于尺度略小难以形成规模效益,既无法承载一定程度的产业规模扩张也无法实现中心功能提升。

4.2 住宅价格影响机制分析

以往学者[13,15]大多选采用 OLS 模型作为传统的特征价格模型,进行全局影响因子的识别,本文选取了 PLS 模型。本文发现 OLS 模型在自变量多重共线性不超过 3.34 的情况下,依然会对影响因子正负效应及显著性的识别有偏差,PLS 较 OLS 模型在拟合精度上有较大的提高。从本文 PLS 回归结果来看,距离城市中心[8,10,19]、地铁[8]、重点中小学[10,19,22]、三甲医院[10,19,22]、市级公园[8,19,22]、江景[8,10]越近,周边房价越高。与其他学者[10,13]的研究所不同的是,距离重点本科院校越近、小区方圆 500 m 范围内的公交车站点数目[13]越多,对房价的虽然能产生正效应,却不显著。究其原因,重点本科院校作为高等教育资源虽可以给周围小区住宅提供一个良好的人文环境,但是不像中小学有划片区入学的政策,对周边住宅价格的空间影响效应较小,不具备明显的增值能力;另外,由于重庆主城区住宅小区较为集聚分布在城市核心区、各个组团内部,公共交通设施发达,对于大多数住宅样本点来说数量差异性较小。

为准确剖析影响因子对不同地理位置的样本点房价的作用强度,本文引入了 GWR 模型,拟合效果较传统的特征价格模型有所提高。图 5 证明了影响因子在空间分布上不均匀,即具有空间异质性;影响因子对不同地理位置的住宅价格作用强度具有差异,即具有空间非平稳性。这也证明了GWR模型是研究多中心山地城市住房市场的最佳方法。相较于南京[8]、北京[9]、长沙[10]、武汉[19]、济南[22]等多中心城市来说,重庆因其独特的山水分割地貌特征,在空间更加凸显了资源的不均衡分配和土地资源在空间上的分割现象,由此加剧了住宅样本点在空间上的断裂或高集聚。其中,商业邻近性、设施邻近性因素因在空间上的分布不均衡,对其所在邻近的城市核心区以及主城区西部区域影响较大;交通可达性因素对城市核心区以外的住宅价格有较大的增值效应,说明交通可达性对于山地城市来说有着重要意义,且多个住宅价格次中心位于其附近;景观宜人性因素中稀有的江景资源,对以两江新区为主的北部片区和渝中地区住宅增值效应显著,且多个住宅价格次中心位于沿江附近。综上,因邻近性、可达性、景观宜人性资源在空间上的分布不均匀,导致主中心外围扩散和次中心以及各组团集聚,进而使得住宅价格在空间分布上具有差异性。

5 结 论

本文以重庆主城区为例,通过运用探索性空间数据分析和克里金插值探讨了住宅价格的空间特征,通过运用PLS、GWR模型进行了影响机制分析。结果表明:

①住宅价格在空间上呈现多中心的分异格局,城市核心区以主中心为主、四大次中心为辅形成了住宅价格高值区域,并在各组团处形成了明显的住宅价格峰值,住宅价格在空间上存在明显的依赖性、非平稳性特征。

②根据PLS模型结果,城市中心,地铁站,重点中、小学,三甲医院,市级公园,江景资源,对周边房价附加值效应显著;而距离重点本科院校越近、小区方圆500 m范围内的公交车站点数目越多,虽对周围房价产生促进作用但不显著。

③根据GWR模型结果表明影响因子具有空间异质性,以及对不同地理位置住宅价格影响的空间非平稳性,其中商业邻近性、设施邻近性因素因在空间上的分布不均衡,对其聚集的城市中部和西部的影响较大;交通可达性因素对城市核心区以外的区域房价有较大的附加值效应,且多个住宅价格次中心位于其附近;景观资源中江景对以两江新区为主的北部片区和渝中地区的住宅增值效应显著,且多个住宅价格次中心也位于沿江附近。总之,邻近性、可达性、宜人性因素扩大了城市中心和各组团的影响,给住宅价格带了附加值效应。

本研究在数据来源方面存在不足,即新开盘项目住宅样本量较少。未来的研究将从二手房房价出发、考虑时间序列探索住宅价格的时空演变规律,采用更多的影响因素探索住宅价格的影响机制。

参考文献

[1] WEN H,TAO Y.Polycentric urban structure and housing price in the transitional China: Evidence from Hangzhou[J].Habitat International,2015(46):138-146.

[2] WU B,LI R,HUANG B.A geographically and temporally weighted autoregressive model with application to housing prices[J].International Journal of Geographical Information Systems,2014,28(5):1186-1204.

[3] POTEPAN M J.Explaining Intermetropolitan Variation in Housing Prices,Rents and Land Prices[J].Real Estate Economics,2010,24(2):219-245.

[4] 罗瑾,刘勇,岳文泽,等.山地城市空间结构演变特征:从沿河谷扩展到多中心组团式扩散[J].经济地理,2013,33(2):61-67.

[5] 易峥.重庆组团式城市结构的演变和发展[J].规划师,2004,20(9):33-36.

[6] 李峰清,赵民.关于多中心大城市住房发展的空间绩效——对重庆市的研究与延伸讨论[J].城市规划学刊,2011(3):8-19.

[7] FOTHERINGHAM A S,CHARLTON M,BRUNSDON C.Measuring Spatial Variations in Relationships with Geographically Weighted Regression[M]//FISCHER M M,GETIS Heideberg: Springer,1997:60-82.

[8] 李志,周生路,张红富,等.基于GWR模型的南京市住宅地价影响因素及其边际价格作用研究[J].中国土地科学,2009,23(10):20-25.

[9] 吕萍,甄辉.基于GWR模型的北京市住宅用地价格影响因素及其空间规律研究[J].经济地理,2010,30(3):472-478.

[10] 孙倩,汤放华.基于空间扩展模型和地理加权回归模型的城市住房价格空间分异比较[J].地理研究,2015,34(7):1343-1351.

[11] 谷兴,周丽青.基于地理加权回归的武汉市住宅房价空间分异及其影响因素分析[J].国土与自然资源研究,2015(3):63-68.

[12] 周文兴,林新朗.中国住房价格与城市化水平的关系研究——动态面板和空间计量的实证分析[J].重庆大学学报:社会科学版,2012,18(5):1-7.

[13] 李颖丽,刘勇,刘秀华.重庆市主城区住房价格影响因子的空间异质性[J].资源科学,2017,39(2):335-345.

[14] 罗晓娟.特征价格模型的发展应用研究[J].技术经济与管理研究,2012(6):11-15.

[15] 罗罡辉.基于 GWR 模型的城市住宅地价空间结构研究[D].杭州:浙江大学,2007.

[16] GAO H X. Statistical analyses for multiple correlation variables of two sets(3)(Partial least-sguares Regression and PLS Procedure)[J]. Application of Statistics & Management,2002,21(3):58-64.

[17] 魏传华.半参数空间变系数回归模型的研究[D].西安:西安交通大学,2003.

[18] ANSELIN L,SYABRI I,KHO Y.GeoDa:An Introduction to Spatial Data Analysis[J].Geographical Analysis,2005,38(1):5-22.

[19] 郑晓燕,周鹏.武汉市房价的空间分布格局及其影响因素分析[J].国土与自然资源研究,2016(2):26-31.

[20] 张谦,王成璋,王章名.中国城市住房价格的空间效应与滞后效应研究[J].统计研究,2016,33(7):38-45.

[21] 王惠文.偏最小二乘回归方法及其应用[M].北京:国防工业出版社,1999.

[22] 郭金金,夏同水,李建春.城市住宅价格空间分异及影响因素研究[J].统计与决策,2016(8):142-145.

收稿日期:2020 年 2 月 15 日。

基金项目:重庆大学中央高校基本科研业务费科研专项自然科学类项目(2017CDJSK03XK14)。

作者简介:张琳琳(1995—　),女,山东人,硕士研究生。主要研究方向为房地产经济及管理。E-mail: linlinzhang@ cqu.edu.cn。

刘勇(1980—　),男,湖南人,博士,副教授。主要研究方向为城市土地利用及生态效应。E-mail: liuyong80@ cqu.edu.cn。

* **通讯作者:**毛超(1983—　),女,重庆人,博士,教授。主要研究方向为智慧城市与社区演化。E-mail: maochao1201@ 126.com。

基于生活场景的集中式长租公寓客户偏好特征研究

——以重庆市为例

曾德珩,单　艳,方　悦

(重庆大学 管理科学与房地产学院,重庆 400044)

摘　要:随着以租售并举为代表的房地产市场长效机制的建立,集中式长租公寓正成为住房租赁市场的重要组成部分。当前我国集中式长租公寓普遍存在客群定位单一、屡受客户投诉等问题。原因在于不同生活形态下客户偏好差异显著,市场尚未对客户偏好特征进行深入研究。通过梳理集中式长租公寓客户特征的研究现状,依据AIO量表和China-VALS模型完成客户生活形态的问卷设计,结合调研数据分析论证了重庆市集中式长租公寓的客户种类与偏好因子存在显著性差异。最后从项目产品、服务、运营等方面对集中式长租公寓的未来发展提出了相关对策建议。

关键词:集中式长租公寓;客户细分;偏好选择;生活形态

中图分类号:F299.23　　　　**文献标识码**:A

Research on the Customer Preference of Centralized Long-rented Apartment Based on Life Style —In Case of Chongqing

ZENG Deheng, SHAN Yan, FANG Yue

(School of Management Science and Real Estate, Chongqing University, Chongqing 400044)

Abstract: With the establishment of long-term mechanism of real estate market which is represented by simultaneous rent and sale, the centralized long-rented apartment is becoming an important part of the housing rental market. However, a few problems still remain with the development of centralized long-rented apartments in China, such as single customer group positioning and common customer complaints. The reason is that there are significant differences in customer preferences under different life styles and the market lacks deep research on the characteristics of customer preferences. Firstly, this paper summarizes the research status and of centralized long-rented apartments. Secondly, based on AIO scale and China-VALS, it studies questionnaire designing of customers' life styles. Thirdly, through questionnaire, it investigates kind and preference of specific tenants in Chongqing's long-rented apartments. Finally, the paper gives reference suggestions for the future development of China's centralized long-rented in aspects of projects, services and operations.

Key words: Centralized long-rented apartment; Customers' segmentation; Product preference; Life style

1 引 言

随着我国房地产市场进入存量时代,在“房住不炒”和“租售并举”的政策指导下,长租公寓逐渐成为行业新风口,市场竞争也愈发激烈。据调查,近半的租赁人群对公寓居住服务的关注度更高[1]。但目前长租公寓却普遍存在目标客户群单一、产品同质化等问题。究其原因,主要是因为长租公寓作为一种新的租赁产品类型,面对的客户是基于不同的成长环境、社会阅历、消费实力以及生活态度,会有不同的租赁需求和产品喜好,因此长租公寓客户偏好特征的研究对于其长期发展就显得十分重要。本文通过对重庆市已开业集中式长租公寓发放问卷并回收得到基础数据,运用因子分析和聚类分析将集中式长租公寓客户分为五类客户,并利用相关性分析对不同类型客户的偏好特征进行研究,以期为长租公寓未来产品设计与场景营造提供参考。

2 研究现状

在客户对房地产产品的偏好方面,国外学者的研究所涉及的细分维度较广。Cowgill 研究了客户对住房的选择及偏好,提出了年龄、收入、家庭成员等因素对客户偏好的影响[2]。Bible 将影响客户关注住宅产品偏好的因素细化为 8 个方面:住宅所处的地块的特点、访友购物上班的接近性、居住小区绿化、居民职业、吵闹情况、周边教育设施、安保设施、房地产税[3]。Nelson 结合了多维尺度分析与聚类分析,将客户的产品偏好归纳为自然风光与邻里质量、建筑设计、可居住性和对外联系四个类别[4]。

国内关于房地产产品客户细分与客户偏好的研究始于21世纪初。马思新分析了诸多客户偏好的影响因素，认为房屋的购买价格受房屋区位、厨卫、物业服务等影响[5]。刘望保以广州市作为研究范围，分析了居民住房偏好及其影响因素[6]。王学工以辽宁省城市家庭的住房偏好影响因素为研究对象，从住房偏好的内涵与结构出发，认为客户购买住房的用途偏好与住房属性偏好存在某种联系[7]。贾士军研究了广州住宅市场的购房者偏好特征，认为影响广州市住宅价格的因素包括装修、布局、功能、安全等[8]。

从研究现状可知，目前房地产领域客户细分及客户偏好的研究主要集中于住房买卖市场，对于租赁市场的研究较少，更缺乏对长租公寓产品以及租赁市场的客户细分及其偏好特征的研究。鉴于此，本文在已有研究的基础上，从客户类型及偏好选择出发设计客户偏好调研问卷，对重庆市6家已开业集中式长租公寓进行了问卷调查，了解已入住长租公寓的既有客户居住现状及满意度，探索影响客户偏好选择的因素，为集中式长租公寓精准定位，确定目标客户完善运营服务来满足客户住房偏好提出建议，为租赁市场及集中式长租公寓产品市场规范有序发展提供理论指导。

3 研究方法与数据收集

3.1 重庆市集中式长租公寓市场概况

截至2018年年底，重庆市主城区共开业6家集中式长租公寓。在产品类型上多为单间配套或者LOFT户型，面积区间平均分布在20~50 m^2，装修风格及家具配置以简约时尚为主。从长租公寓的选址布局来看，大多选址在交通便利、产业聚集的区域，临近地铁站或大型公交车站，方便租户工作与生活。出租价格区间为1 100~2 800元/月，租金溢价比周边传统租赁房源价格高出约20%。重庆市集中式长租公寓市场概况见表1。

表1 重庆市集中式长租公寓市场概况

公寓名称	开业时间	出租价格	溢价率
龙湖冠寓佰乐街店	2017年8月	单配1 700元/月 LOFT 2 750元/月	20%~30%
龙湖冠寓源著店	2017年3月	单配2 300元/月 LOFT 2 700元/月	20%~25%

续表

公寓名称	开业时间	出租价格	溢价率
龙湖冠寓新壹城店	2016 年 8 月	单配 1 400 元/月	20%～25%
万科泊寓锦尚店	2017 年 7 月	单配 1 400～1 500 元/月	15%～25%
万科泊寓西九店	2015 年 11 月	单配 1 718 元/月	15%～25%
北大资源蚂蚁公馆	2017 年 8 月	单配 1 100 元/月	15%～20%

3.2 基于生活形态的集中式公寓客户消费偏好研究设计

由于不同的工作背景、生活习惯、教育程度，人们往往会表现出不同的生活形态。生活形态被称为可以反映消费者价值取向趋势的一种心理行为模式[9]。消费行为与生活形态相互影响，国内外许多学者对生活形态的研究大多集中于其在各个领域的应用。如 Cosmas[10]将生活形态的研究应用于女性消费者市场，发现了女性的 7 种消费模式和 7 种生活方式；Lesser[11]基于消费者生活形态的研究论述了区域市场细分的普遍性；胡维平立足于中国现状，以上海市主流消费群为研究对象，对上海消费者的消费行为特征进行了实证分析[12]；卢泰宏研究了 E 时代生活方式，定量分析五大群体[13]。

研读国内外学者关于生活形态的研究，发现 AIO 模型和 VALS 模型被广泛应用于生活形态的测量。AIO 量表在市场细分的工具应用方面比较成熟，已有研究将其作为大学生、“90 后”城市青少年等不同群体细分的工具，从而研究生活方式不同的消费者的产品涉入[14]。考虑到 AIO 量表是在西方消费价值观和生活形态研究的基础上发展起来的，无法完全将其应用于我国的集中式长租公寓客户研究中，而吴垠[15]提出的 China-VALS 模型是在 VALS 模型的基础上构建的，基于消费者的分群、价值观、生活形态及社会分层等市场细分理论，用来研究中国消费者生活形态。目前该模型已经广泛应用于不同领域不同条件下的客户细分研究中。徐向玲基于 China-VALS 模型，以生活方式与价值观、需求为维度，分析生活形态和价值观对中国手机购买者的影响[16]。李桂华将研究分析放在中国寿险市场，通过 China-VALS 模型进行市场细分，对中国寿险市场提出相应的营销建议[17]。因此本文以 AIO 量表研究为主进行问卷设计，基于 China-VALS 模型将客户调研分维度展开，研究基于生活形态的集中式长租公寓既有客户细分及偏好特征。

3.3 集中式公寓既有客户偏好选择问卷设计

客户偏好研究是基于客户生活场景下受诸多因素共同作用的复杂产物，与客户的生活经历、工作性质、审美意识等息息相关,影响因素广泛,且大多受客户主观感知活动的制约。本次研究在进行问卷设计时尽量仅考虑客户偏好,避免各个影响因素之间的相互作用,从而干扰研究结果。此外,集中式长租公寓兴起不久,运营商与市场都还处于摸索阶段,客户对长租公寓尚未形成清晰的认知,对长租公寓这一类产品的偏好难以量化,无法准确表达他们对不同产品的偏向性以及喜好程度。基于此类情况,本研究采用由客户自述在选择产品时各种影响因素的重要性方式,对各种因素进行优先级排序从而判断客户对产品不同属性的重视程度。

在由客户自述重要性来判断客户的偏好方面,目前国内外学者们应用广泛且操作灵活的测量方法主要是打分法和量表法。打分法通过客户对产品的不同方面进行打分,以数值的方式直接呈现客户对产品的喜爱以及憎恶程度。量表法借助里克特五级量表法对偏好程度进行分类,客户可以根据自身偏好确定产品各个方面在量表上的位置。本文通过客户自述产品各个方面的重要程度,结合打分法和量表法对客户的自述对照计分,从而分析确定客户的偏好特征。由于既有研究的偏好评价指标主要针对商品房、公租房等传统房地产产品,不仅要对传统房地产市场中客户的偏好因子进行梳理和总结,还要考虑集中式长租公寓作为租赁市场的新兴产品,与传统房地产产品相比,长租公寓在生活服务、装饰装修上面临更大的挑战。因此在查阅了集中式长租公寓产品介绍及相关复盘报告以后,结合国内外学者们对偏好因素的研究,最终本研究确定了5个维度的偏好因素评价指标,并将其命名为“外部设施”“装饰设计”“物业管理”“租户活动”“公共配套”。偏好评价指标见表2。

表2　偏好评价指标表

维度	偏好评价指标
外部设施	地段、景观、交通配套、教育配套、医疗配套、商业配套
装饰设计	装修风格、装修材料、外立面风格、室内设计、色彩搭配、空间布局、采光照明、视听效果、家居配置、功能分区
物业管理	拎包入住、物业服务、管家服务、事故响应及时度、事故处理时长、代收快递、家电维修
租户活动	音乐交流、户外运动、摄影比赛、读书会
公共配套	阅读空间、健身房、影音空间、电梯数量、车位配比

3.4 数据收集

2017 年 12 月到 2018 年 2 月，笔者采用问卷调查的方式，选择重庆市主城区 6 家已开业的集中式长租公寓的既有客户为调研对象，向上述 6 家集中式长租公寓共发放 210 份问卷。回收 192 份问卷，剔除明显不认真填写以及关键数据缺失的 60 份问卷，最终有效问卷为 132 份，回收率和有效率分别为 91.42%和 62.8%。研究样本概况见表 3。

表 3 研究样本概况

类别	选项	频率	百分比/%
性别	女	68	51.52
	男	64	48.48
年龄	20 岁以下	3	2.27
	21~25 岁	71	53.79
	26~30 岁	52	39.39
	31~35 岁	6	4.55
学历	专科及以下	4	3.03
	本科	76	57.58
	硕士	52	39.39
职业	公职人员	5	3.79
	自由职业	32	24.24
	企业职工	49	37.12
	中、高层管理者	23	17.42
	自主创业	18	13.64
	其他	5	3.79
月收入	5 000~10 000 元	70	53.03
	10 000~15 000 元	27	20.45
	15 000~20 000 元	19	14.39
	20 000 元以上	16	12.12
婚姻	单身	81	61.36
	恋爱	41	31.06
	已婚	10	7.58
房租占比	10%以下	18	13.64
	11%~20%	40	30.30
	21%~30%	59	44.70
	30%以上	15	11.36
租住情况	独自居住	98	74.24
	和伴侣合租	16	12.12
	和朋友合租	18	13.64

通过对重庆市6家集中式长租公寓既有客户的调研,发现男性客户与女性客户基本持平,但女性客户要略多于男性客户。这可能与相对于男性,女性更倾向于拥有一个相对稳定、安全的居住环境有关。在既有客户年龄方面,调研数据显示近九成既有客户年龄在21~30岁。学历基本上都在本科以上,其中近四成客户具有硕士研究生学历。职业方面,受调查的既有客户中大多数是企业职工,比例接近四成。此外,超过20%的客户是自由职业者,中、高层管理者和自主创业者分别占比15%左右。通过对客户收入的调查,发现集中式长租公寓既有客户收入普遍较高,收入在5 000~10 000元/月的客户超过1/2,也有近15%的客户收入在20 000元/月以上。在房租与月收入占比中,七成客户的房租占比为11%~30%,这表示房租在目前既有客户收入中依旧占据着较大的比重。在客户的婚姻状况方面,发现未婚客户占据九成左右,其中有接近六成的客户为单身状态。婚姻状态与租住情况相互关联,目前七成以上的客户为独自居住,也有小部分客户是和伴侣或者朋友合租。

4 结果分析

4.1 集中式长租公寓既有客户细分分析

(1)生活形态评价语句的信度检验

信度检验采用Cronbach's α系数的大小来判断量表内部的一致性,一般来说Cronbach's α大于0.6即表示量表达到较高的可信度。本次生活形态问卷的信度分析见表4。本次研究测算的Cronbach's α系数为0.796,大于Cronbach's α平均水平,因此认为问卷设计相关性较好,内部一致性和稳定性非常高,回收数据具有良好的可信度。方差分析可以判断不同生活形态的客户购买决策在各个维度是否存在显著差异。本次可靠性分析的方差分析表见表5。研究结果表明,自由度为19时,组间F检验值为26.892,显著性为0.000,说明基于不同生活形态下的客户在选择集中式长租公寓决策上存在显著差异,代表回收问卷数据可靠度较高,设置较为合理。

表4 生活形态信度检验

Cronbach's α	基于标准化项的Cronbach's α	项数
0.796	0.812	20

表 5　生活形态方差分析

		平方和	自由度	均方	F	显著性
人员间		582.819	131	4.449		
人员内	项间	402.401	19	21.179	26.892	0.000
	残差	1 931.464	2 489	0.776		
	总计	2 362.536	2 508	0.942		
总计		2 657.473	2 639	1.007		

(2)生活形态评价语句的效度检验

效度检验在问卷调查中应用非常广泛,代表着测量工具或手段能准确测量出所需测量事物的程度,效度越高则表示测量结果与所考察的真实情况越接近。本次研究选择 KMO 检验和巴特利特球形检验法对调研数据的相关性进行分析。本次生活形态问卷的效度分析见表 6。

一般情况下,KMO 检验值超过 0.7 则表示数据可以进行因子分析,本次研究 KMO 值为 0.713,显著性为 0.000,表明数据效度较高,适合做因子分析。同时巴特利特球形检验值近似为 1 542.361,在自由度为 180 的条件下达到了显著,因子分析可以进行。

表 6　KMO 和巴特利特球形检验

KMO 取样适切性量数		0.713
巴特利特球形检验	近似卡方	1 542.361
	自由度	180
	显著性	0.000

(3)生活形态评价语句的因子分析

因子分析可以在不损失信息的前提下将多个变量提炼为少数几个可以揭示大部分数据信息的因子,以提高数据信息的精准性与综合性。本次因子分析对 20 条生活形态评价语句展开,按照特征值大于 1 且因子负荷量绝对值大于 0.5 的一般标准,采用主成分萃取法提取公因子,同时借助方差最大化正交旋转法对提取的公因子进行旋转,提高公因子的可解释性。结合因子分析所显示的特征值大小及累计方差贡献率,本次研究一共提取了 6 个公因子,6 个公因子累计方差贡献率达到 72.161%,基本满足研究要求。通过仔细考察提取出来的 6 个公因子所包含的客户陈述语句的实际含义,最终确定为“格调体验”“时尚新潮”“活跃阳光”“自由安静”“健康自律”“奋斗求进”。通过对生活形态评价语句进行因子分析,最终发现集中式长租公寓既有客户的特征可以概括为6个因子进行解释分析,它们从不同角度表达了客户的不同生活形态。

(4)客户类型聚类分析

聚类分析的目的是根据物以类聚的原则将研究事物进行分类,通过将目标数据放入少量相对同源的分组简化数据进行分析表达。本文选择K-means算法进行聚类,根据标准化处理后的6个公因子为基础变量,科学对调研数据进行聚类分析。

首先将初次聚类的迭代次数设置为50次,K-means算法的聚类数初始设为2,观察聚类效果。往后根据不同的聚类数以及聚类效果,选择最合适的聚类数。聚类结果表明,当聚类数设为6时,聚类结果显著性为0,样本分布较为均匀,因此最终确定6个聚类中心。方差分析表及聚类结果见表7,各类数目见表8。

表7　聚6类时ANOVA表

	聚类		误差		*F*	显著性
	均方	自由度	均方	自由度		
X_1	9.487	5	0.675	126	14.305	0
X_2	13.302	5	0.484	126	25.989	0
X_3	9.611	5	0.644	126	14.599	0
X_4	12.123	5	0.570	126	21.702	0
X_5	14.856	5	0.495	126	33	0
X_6	16.07	5	0.400	126	39.977	0

表8　聚6类时各类数目

每个聚类中的个案数目		
聚类	1	15
	2	18
	3	31
	4	38
	5	14
	6	16
有效		132
缺失		0

各个类别最终聚类中心和最终聚类中心之间的距离见表9、表10。经过对各因素的分析，根据客户在生活形态各因子上的得分对6个类别进行命名，最终确定集中式长租公寓的既有客户的6个类型为“品质体验型”“时尚新潮型”“外向社交型”“内向独处型”“健康运动型”“奋斗求进型”。类别一“品质体验型”客户看重生活品质，人生态度以体验为主，希望通过提高生活品质来传达自我价值的实现以及自己的人生态度。类别二“时尚新潮型”客户对生活充满激情，希望紧跟时代步伐与潮流接轨，追逐时尚并享受生活，对各类信息较为敏感，勇敢追求富有挑战新奇变化的新生活新事物。类别三“外向社交型”客户活泼开朗，善于交际，喜欢通过各类社交活动与外界获得联系。他们对外面的世界充满好奇，希望通过社交、互动来获得正能量。类别四“内向独处型”客户更倾向于从自己的内心获得正能量，喜欢独立思考、自我反思、安静的独处，在瞬息万变的现代生活中通过独处来维持个人生活中的激情和趣味。类别五“健康运动型”客户关注身体健康和饮食的均衡，他们热爱生活，洒脱不羁，以年轻、健康、时尚、积极的心态面对生活。类别六“奋斗求进型”客户有较强的个性成就意识，希望通过事业的进步获取他人的肯定。他们重视工作成就，乐于接受风险，渴望事业成功。

表9　聚类结果

	聚类					
	1	2	3	4	5	6
品质体验	**0.961 76**	0.789 31	−0.100 41	−0.395 32	−2.134 21	−0.212 35
时尚新潮	−1.531 12	**1.069 21**	−0.101 69	**0.581 01**	**1.094 13**	−0.795 12
外向社交	−0.996 12	−0.448 52	**0.618 21**	−0.218 81	−0.890 12	0.701 29
内向独处	−1.005 3	−0.115 21	0.052 78	**0.601 71**	−2.570 13	0.091 26
健康运动	−0.450 32	**1.098 57**	**0.632 74**	−1.210 66	−0.003 19	0.310 15
奋斗求进	−0.314 06	0.760 23	−0.782 15	0.140 21	−1.907 62	**1.582 46**

表10　聚类距离

最终聚类中心之间的距离						
聚类	1	2	3	4	5	6
1		3.891	2.141	2.763	4.031	3.762
2	3.891		2.571	2.493	4.965	2.901

续表

最终聚类中心之间的距离						
聚类	1	2	3	4	5	6
3	2.141	2.571		2.009	4.132	2.854
4	2.763	2.493	2.009		4.517	2.664
5	4.031	4.965	4.132	4.517		5.132
6	3.762	2.901	2.854	2.664	5.132	

4.2 集中式长租公寓既有客户偏好选择分析

本文通过对重庆市集中式长租公寓既有客户的偏好选择分析，旨在研究不同生活形态下的客户在选择长租公寓产品时所考虑的因素的优先级及各个因素之间是否相关，相关程度为多少。为了准确客观地进行集中式长租公寓既有客户偏好选择分析，有必要将客户类型和每种偏好因素结合进行相关分析。相关分析作为一种常用的统计分析方法，旨在发现随机变量间的种种相关特性。Pearson 相关系数作为一种相关性判别系数在数据统计分析中应用非常广泛，因此本研究选用 Pearson 相关系数作为相关分析的判别依据。一般情况下，相关系数的绝对值越大，相关性越强。Pearson 相关系数的取值区间及对应含义见表 11。

表 11　相关分析取值含义

检测类别	Pearson 相关系数取值	含义
Pearson 相关系数	Pearson 相关系数<0	负相关
	Pearson 相关系数＝0	不相关
	0<Pearson 相关系数≤0.3	弱相关
	0.3<Pearson 相关系数≤0.7	中度相关
	0.7<Pearson 相关系数	强相关

结合调研数据，选择研究聚类分析提取的客户类型与偏好因子之间的相关性。Pearson 相关系数越高，表示两个变量关联程度越高，也即客户对该因子的偏好程度越高。相关分析结果见表 12。

表 12　相关分析

客户类型	相关系数 显著性指数	外部设施	装饰设计	物业管理	租户活动	公共配套
品质体验型	Pearson 相关性	0.613	0.114	0.298	0.232	0.207
	Sig.(双尾)	0.012	0.021	0.002	0.042	0.173
时尚新潮型	Pearson 相关性	0.294	0.471	0.301	0.166	0.263
	Sig.(双尾)	0.005	0.017	0.004	0.001	0.043
外向社交型	Pearson 相关性	−0.015	−0.134	0.029	0.496	0.175
	Sig.(双尾)	0.739	0.211	0.051	0.004	0.024
内向独处型	Pearson 相关性	0.192	0.396	0.411	−0.193	0.122
	Sig.(双尾)	0.032	0.014	0.004	0.221	0.048
健康运动型	Pearson 相关性	0.398	0.004	0.301	0.182	0.501
	Sig.(双尾)	0.004	0.003	0.029	0.018	0.035
奋斗求进型	Pearson 相关性	−0.075	−0.131	0.562	−0.214	−0.014
	Sig.(双尾)	0.214	0.132	0.004	0.263	0.349

通过对客户类型和偏好因子两种变量的相关性分析,发现不同生活形态下的客户在做集中式长租公寓的选择决策时存在较大差异。

“品质体验型”客户对外部设施表现出较强的偏好性。这类客户追求生活的品质感,十分注重集中式长租公寓的外部设施。公寓的地段、景观、交通、教育配套会成为这类客户选择的主要考虑因素。其次作为追求人生品质的客户,他们也关注公寓的物业管理。在物质生活得到飞速发展的时代,他们希望提高居住品质从而获得更高的舒适感。租户活动和公共配套也会在一定程度上影响这类客户的决策,但没有决定性的影响作用。

“时尚新潮型”客户最偏爱装饰设计。这类客户年轻、积极,追逐潮流享受生活。他们对房屋装饰风格、装修材料、空间布局等是否符合当下潮流关注较高。公寓的周边配套设施是否能满足日常娱乐需要,公寓的色彩、风格等是否能让人满意都会促使他们做出选择。除了公寓的装饰设计,这类客户也认为物业管理非常重要。他们认为优质的物业服务可以让居住体验更为舒心,减少琐事的烦扰。而外部设施、公共配套、租户活动和这类客户有弱相关性。

“外向社交型”客户善于交际,希望通过各类社交活动与外界获得联系,因此十分在意公寓的租户活动。他们希望公寓能提供优质新颖的租户活动,通过参与租户活动拓宽交际圈结识更多新的朋友。集中式长租公寓策划及举办租户活动的频率、效果、时间、形式等都是这类客户在选择租住公寓时优先考虑的。而对于公寓的外部设施、装饰设计、物业管理、公共配套等表现出较弱的相关性,关注度较低。

“内向独处型”客户最在意长租公寓的物业管理,其次是装饰设计。说明这类客户十分在意公寓在生活服务的质量和效率。优质的物业管理能帮助这类客户更好地享受独处时光,有更多的时间用于提升自己。对于装饰设计,他们也希望公寓的装饰风格、功能分区等符合自己的喜好,希望一切按照自己的喜好发展。公寓的装饰设计、外部设施、公共配套等重要程度不明显。

“健康运动型”客户最关注公寓的外部设施和公共配套。这类客户强调生活的健康和生态的平衡。客户在做出决策时会考虑公寓是否有健身房、休憩区等,这会成为他们常去的地方。同时外部设施也是一个不可忽视的方面。公寓的物业管理和租户活动也是这类客户在选择长租公寓时会考虑的因素,但偏好程度不如外部设施和公共配套,而对于装饰设计则表现出较低的偏好性。

“奋斗求进型”客户仅对物业管理表现出较强的偏好性,这可能与这类客户关注工作成就,渴望取得事业的成功有关。他们追求效率,希望公寓能提供优质高效的物业管理服务,让他们在繁忙的生活节奏和高压的工作状态中得到暂时的舒心。传统的物业服务或许不能满足这类客户的要求,他们对公寓的生活服务提出了更高的要求。这类客户对公寓的外部设施、装饰设计、租户活动、公共配套关注度不高。

5 结论与建议

基于生活形态对重庆集中式长租公寓的既有客户进行分析后发现,大部分既有客户是年龄位于21~30岁的年轻人,他们有独立的思想和明确的个人喜好,崇尚表达自己的个性,传递个人独有的价值观。根据对不同生活形态下客户对长租公寓的偏好选择分析,发现“品质体验型”“时尚新潮型”“奋斗求进型”3类客户对长租公寓的物业管理表现出了较强的偏好性,这说明集中式长租公寓传统的物业管理服务已经不能满足与时俱进的客户要求。因此集中式长租公寓在产品的打造上要将目光着眼于客户的个性化诉求并将其体现在最终面世的产品中,加强服务的多元化和人性化,与时俱进挖掘租户的隐藏需求并尽力提供相应的服务,致力于营造和谐、娱乐、积极的社交氛围,通过丰富有趣的租户活动,如登山、桌游、厨艺比赛等为租户提供优质高效的租房体验。此外,运营商在长租公寓的建设全过程中要重视客户调研,让客户参与到产品的设计建造中,深入挖掘客户的需求,并将之体现在后续的集中式长租公寓产品的装饰设计、功能分区、配套服务上,这样不仅有助于增强客户忠诚度,也有助于后期产品面世后去化以及高出租率的保持。

参考文献

[1] 蓝鲸财经.龙湖、万科等房企长租公寓布局未达标,万亿蓝海挑战重重[EB/OL].搜狐网,2019-01-14.

[2] COWGILL R B D O.Why Families Move:A Study in the Social Psychology of Urban Residential Mobility.by Peter H.Rossi[J].American Sociological Review,1956,21(3):395-396.

[3] D S Bible.Intra urban migration with special emphasis on housing and neighborhood attributes[M].Columbus:The Ohio State University,1977.

[4] THERON R N,JOSEPH R.Consumer Preferences in Housing Market Analysis:An Application of Multidimensional Scaling Techniques[J]. Journal of the American Real Estate and Urban Economics Association,1988(2):138-159.

[5] 马思新,李昂.基于 Hedonic 模型的北京住宅价格影响因素分析[J].土木工程学报,2003(9):59-64.

[6] 刘望保,闫小培,谢丽娟.转型时期广州居民职住流动及其空间结构变化——基于 3 个年份的调查分析[J].地理研究,2012,31(9):1685-1696.

[7] 王学工,林良池,张楠.城市居民住房偏好的结构——以辽宁省为例[J].东北大学学报:社会科学版,2011,13(5):426-431.

[8] 贾士军,蔡砥.住宅特征价格分析——以广州为例[J].广州大学学报:社会科学版,2012,11(7):65-68,87.

[9] 高庆.基于饮食生活型态的大学生餐饮消费市场细分研究[J].统计与信息论坛,2012,27(2):104-112.

[10] COSMAS S C.Life Styles and Consumption Patterns[J].Journal of Consumer Research,1982,8(4):453-455.

[11] LESSER J A ,HUGHES M A.The Generalizability of Psychographic Market Segments across Geographic Locations[J].Journal of Marketing,1986,50(1):18.

[12] 胡维平.营销新思维丛书:都市消费者行为[M].上海:上海财经大学出版社,2006.

[13] 卢泰宏.中国消费者行为报告[M].北京:中国社会科学出版社,2005.

[14] 沈蕾,周豫洁.生活方式细分下新生代农民工消费决策特征差异研究[J].华东经济管理,2013(9):96-100.

[15] 吴垠.关于中国消费者分群范式(China-Vals)的研究[J].南开管理评论,2005,8(2):9-15.

[16] 徐向玲,任利成,徐广东.基于 CHINA-VALS 的手机消费者购买行为影响因素研究[J].科技与管理,2011,13(2):90-95.

[17] 李桂华,卢宏亮,李肖欢.基于 CHINA-VALS 模型的中国寿险市场细分研究[J].山西财经大学学报,2011,33(5):32-42.

收稿日期:2020 年 3 月 18 日。

作者简介:曾德珩(1979—),男,汉族,四川广安人,重庆大学管理科学与房地产学院教授,博士,研究方向为城市规划与城市经济问题。

单艳(1997—),女,汉族,四川宜宾人,重庆大学管理科学与房地产学院研究生。

方悦(1996—),女,汉族,四川西昌人,重庆大学管理科学与房地产学院研究生。

基于 CiteSpace 的我国 BIM 研究现状及趋势分析

吴泽洲,陈长轰,蔡裕珠
(深圳大学 土木与交通工程学院,深圳 518060)

摘　要:本文运用 CiteSpace 软件分别从 CNKI 核心期刊和硕博论文两方面分析我国 BIM 研究现状及演进过程。结果表明,两者对 BIM 基础概念的研究始终保持热度,但其他方面的研究有所侧重:核心期刊研究热点集中在信息化、绿色建筑、可视化方面;研究前沿集中在综述、运维管理、可视化方面。硕博论文研究热点集中在项目管理、成本控制、二次开发、协同设计领域;研究前沿集中在 BIM 应用、施工模拟、三维建模、综合管廊方面。

关键词:BIM;CiteSpace;可视化;研究热点

中图分类号:F407.9　　　　　　　　**文献标识码**:A

Investigating Current Status and Trends of BIM Research in China Based on CiteSpace

WU Zezhou, CHEN Changhong, CAI Yuzhu
(College of Civil and Transportation Engineering, Shenzhen University, Shenzhen, 518060)

Abstract: This paper analyzes the research status and evolution of BIM in China from the aspects of core journals and doctoral papers by using CiteSpace. The results show that both of them maintain a stable degree of heat for the basic concept of BIM, but other studies are different. The research hotspot of core periodicals focus on informatization, green building and visualization, and the research trend focus on summary, operation and maintenance management, visualization. Research hotspot of doctoral papers focus on project management, cost control, secondary development and collaborative design, and the research frontier focus on BIM application, construction simulation, three-dimensional modeling and integrated pipe porch.

Key words: BIM; CiteSpace; Visualization; Research hotspot

1 引 言

BIM(Building Information Modeling)于 1975 年由 Chuck Eastman 博士首次提出[1]。目前较为完整的定义由美国国家 BIM 标准提出:“BIM 是一个建设项目物理和功能特性的数字表达;BIM 是一个共享的知识资源,是一个分享有关这个设施的信息,为该设施从建设到拆除的全生命周期中的所有决策提供可靠依据的过程;在项目的不同阶段,不同利益相关方通过在 BIM 中插入、提取、更新和修改信息,以支持和反映其各自职责的协同作业”[2]。

近年来,建筑业相关学者及科研机构对 BIM 研究较多。纵观这些文章可以发现,他们虽在绿色建筑、节能设计、软件开发等领域进行了深入研究,但较少学者用 CiteSpace 软件对我国 BIM 研究现状及趋势进行可视化分析。本文利用 CiteSpace 对 CNKI 数据库中已发表的核心期刊、硕博论文分别进行整理分析,得到国内 BIM 领域的研究热点及发展趋势,为我国在 BIM 领域的研究提供参考及建议。

2 研究方法

本文以 CNKI 数据库为基础,检索条件设置为“篇名”,检索词条为“BIM”或“建筑信息模型”,时间跨度为“不限至 2018 年”,分别在“核心期刊”“博硕士”的限制条件下进行检索,筛选排除医药卫生科技类的文献、分别得到 1 065、1 279 条数据。核心期刊代表社会对 BIM 的研究情况,硕博论文侧重学术界对 BIM 的关注情况,因此将两者进行对比分析,有助于全面了解我国 BIM 的研究现状和趋势。

BIM 在 CNKI 上每年发文的情况如图 1 所示,可以看出:BIM 在我国研究的发展大致分为 3 个阶段:1996—2009 年共发表论文 82 篇(占 0.60%),BIM 研究热度很低;2010—2014 年共发表论文 2 221 篇(占 16.36%),发文量逐渐增长;2015—2018 年共发表论文 11 271 篇(占 83.04%),发文量显著增长。

总体上说,CNKI 上关于 BIM 的研究呈逐年递增的趋势,是建筑业研究的热点话题。因此,本文利用 CiteSpace 对我国 BIM 研究热点及趋势进行深入分析。具体运用 CiteSpace 进行分析时,将时间设定为“2009—2018 年”,从研究热点和关键词聚类两方面,对现有 BIM 研究进行可视化分析。

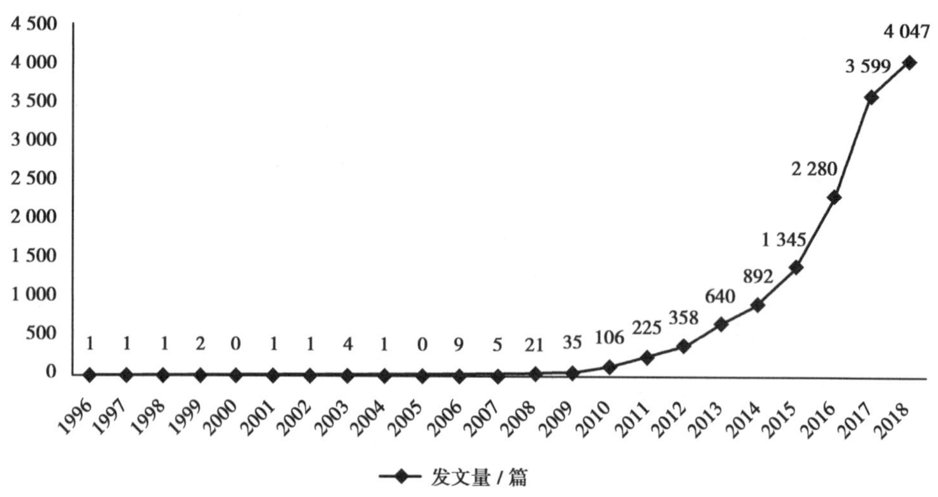

图 1　1996—2018 年 CNKI 上 BIM 发文数量

3　研究结果

3.1　研究热点分析

研究热点是指在一定时期内,有内在联系且数量较多的一组文献所研究的主题[3]。对 BIM 研究热点进行分析,有利于更好地把握该领域所关注的焦点。而文献中的关键词是对文献的高度概括[4-5],因此本文通过关键词共现来确定 BIM 的研究热点。

3.1.1　CNKI 核心期刊研究热点分析

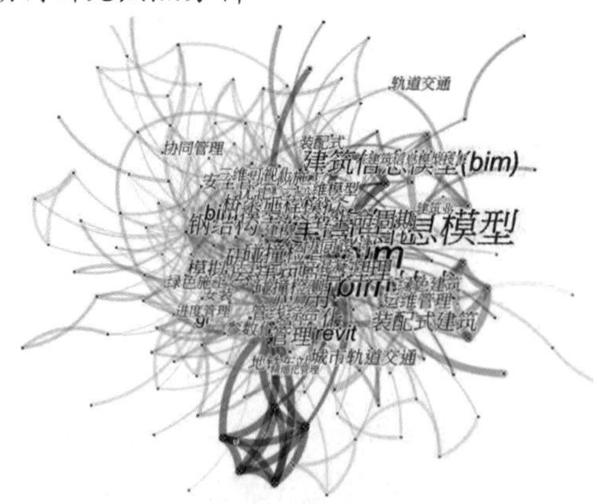

图 2　CNKI 核心期刊研究热点分析可视化图谱

注:节点表示关键词,出现次数越多,节点越大;节点间的连线表示关键词出现在同一篇文献,其粗细表示出现次数;颜色对应首次出现的时间,从深色至浅色表示时间从早期到近期。

由图 2 分析得出，较大的 7 个节点为建筑信息模型、绿色建筑、深化设计、可视化、装配式建筑、碰撞检查和协同管理。如赵钦等[6]从绿色建筑评价标准中施工管理的可持续性评价指标和评价方法出发，分析了国内外绿色施工管理 BIM 技术的研究现状，指出 BIM 技术在绿色施工管理应用中存在的困难和进一步的研究方向。又如齐宝库等[7]阐述了 BIM 技术在装配式建筑全生命周期管理中的应用，并结合具体案例分析得出 BIM 技术在装配式建筑全生命周期管理中贯穿设计、生产、建造以及运营维护环节，拥有巨大的应用前景。

为进一步说明 BIM 领域的发展动态，本文对核心期刊中发文高频词进行统计，得到表 1。

表 1　CNKI 核心期刊 BIM 文献高频关键词统计表

出现频次	关键词	中心度
414	BIM	0.50
306	建筑信息模型	0.27
146	BIM 技术	0.16
116	信息化	0.24
64	应用	0.09
47	绿色建筑	0.12
33	可视化	0.15
32	深化设计	0.07

从表 1 可看出，BIM 的中心度很高，表明 CNKI 核心期刊对 BIM 研究的热点比较集中；其中建筑信息模型、绿色建筑、信息化、可视化为较集中的研究领域。

3.1.2　CNKI 硕博论文研究热点分析

由图 3 可知，较大的 7 个节点为建筑信息模型、项目管理、成本控制、二次开发、协同设计、进度管理和全生命周期。如张璇[8]提出 BIM 技术在绿色建筑全生命周期的不同阶段中应用的契合点和应用优势，利用 BIM 技术建立绿色建筑全生命周期应用系统，进行专项研究；又如尹亚辉[9]通过对 BIM 技术在设计及施工阶段进行“三维管线综合碰撞”，有效减少传统二维图纸的错漏缺问题、优化设计质量。

为进一步说明 BIM 领域的研究动态，将硕博论文中的发文高频词进行统计，得到表 2。

表 2 CNKI 硕博论文 BIM 文献高频关键词统计表

出现频次	关键词	中心度
563	BIM	0.67
277	BIM 技术	0.25
168	建筑信息模型	0.21
56	项目管理	0.16
52	成本控制	0.11
45	二次开发	0.08
40	Revit	0.09
38	可视化	0.09
36	协同设计	0.08

从图 3 和表 2 的统计中,可知我国硕博论文中对 BIM 研究的热点也较集中。项目管理、成本控制、二次开发、协同设计为较集中的研究领域。

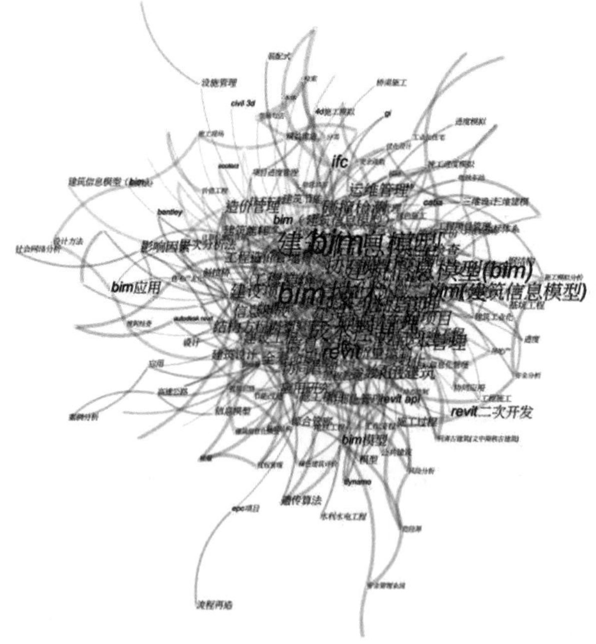

图 3 CNKI 硕博论文研究热点分析可视化图谱

3.2 演进历程及研究趋势分析

将 1996—2018 年的数据分为 3 个时区,分别为 1996—2009(萌芽期),2010—2014(增长期),2015—2018(高速增长期),由于 1996—2009 阶段文献数据过少无法进行聚类,故只可通过后两个时区分析 BIM 的演进历程及发展趋势。本文利用关键词进行聚类,横轴表示发表年份,弧线连线表示存在共被引关系,连线颜色代表首次共被引的年份,颜色从蓝色冷色调到红色暖色调表示时间从早期到近期的变化,右侧标签代表该时区的研究热点。

3.2.1 CNKI 核心期刊聚类分析

从图 4 得出,在 2010—2014 年,关于#0 进度控制,#2 建筑信息化模型,#3 信息化,#5 可视化的交叉研究起步较早;在 2011—2013 年各聚类存在较多的交叉关系;随着时间的推移,关于#6 设计聚类的研究变少,关于#7 研讨会聚类的研究开始出现。

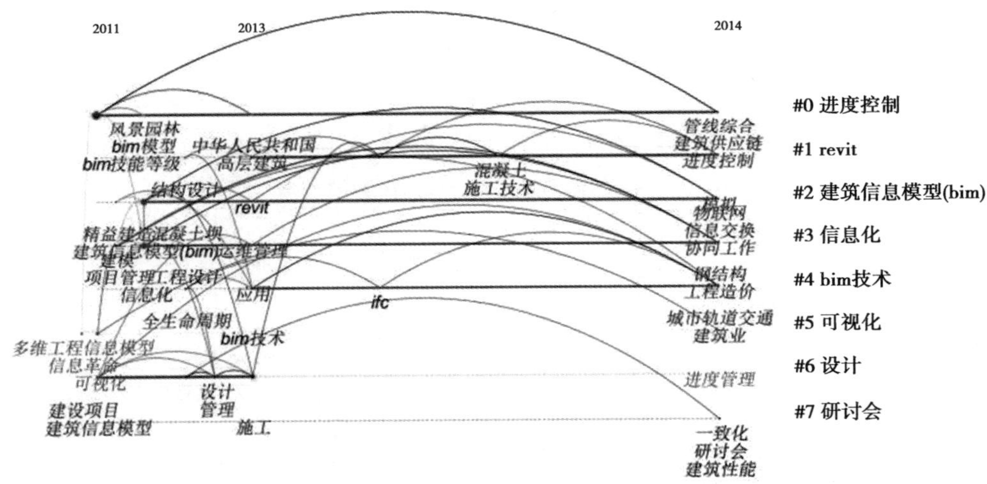

图 4 CNKI 核心期刊 2010—2014 聚类视图

从图 5 得出,在 2015—2018 年,关于研讨聚类的研究已进一步发展。#0,#1,#2建筑信息模型,#3 研究,#4 建筑业,#5 三维可视化,#6 综合管廊等聚类存在复杂的交叉关系。关于#7 绿色建筑的研究在 2015—2017 年较多,2018 年似乎进入了瓶颈期,可以作为未来研究突破点;#9 机电管线和#8 协同平台仅在 2016—2017 年活跃,研究较少,可作为新兴研究。

如图 6 所示,从 1996—2018 年总的聚类视图来看,CNKI 核心期刊关于 BIM 研究的深度逐渐增加,该领域的研究前沿集中在综述、运维管理、三维可视化等方面。

如施庆伟等[10]使用 Vensim PLE 软件对施工安全风险及控制优选过程进行仿真,并依据仿真结果对进入 BIM 模型的施工方案、人员及设备进行调整,提高运营管理效率。

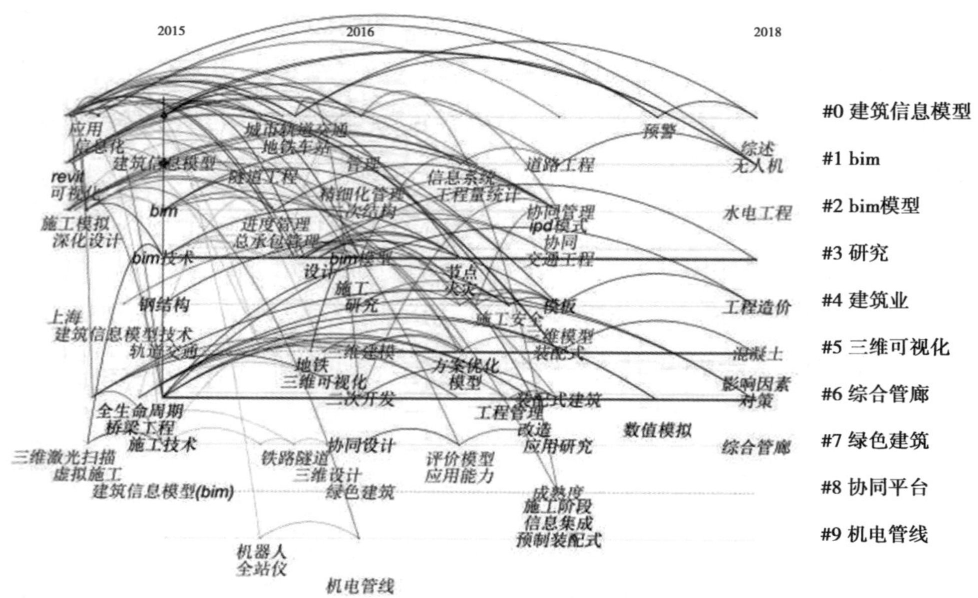

图 5 CNKI 核心期刊 2015—2018 聚类视图

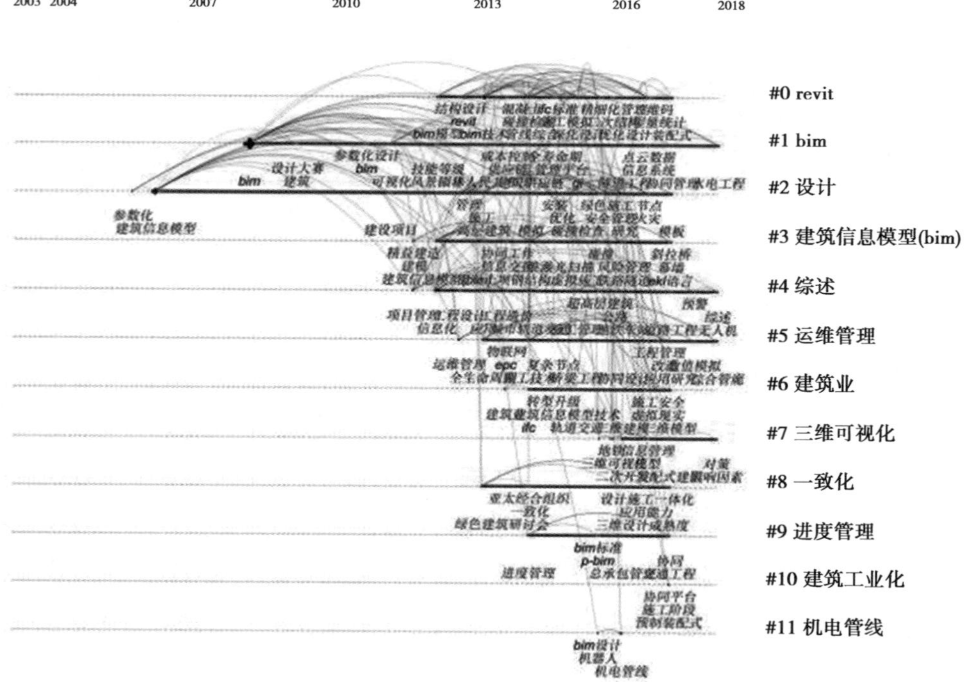

图 6 CNKI 核心期刊 1996—2018 聚类视图

3.2.2 CNKI 硕博论文聚类分析

从图 7 可以看出，在 2010—2014 年，关于#0 建设项目，#1 信息集成，#2 计算机辅助设计的研究起步较早。随着信息化和计算机辅助技术的发展，人们更注重研究模型的参数化设计，协同设计和碰撞检测；而后建筑节能和成本控制渐渐发展，研究更精细化。

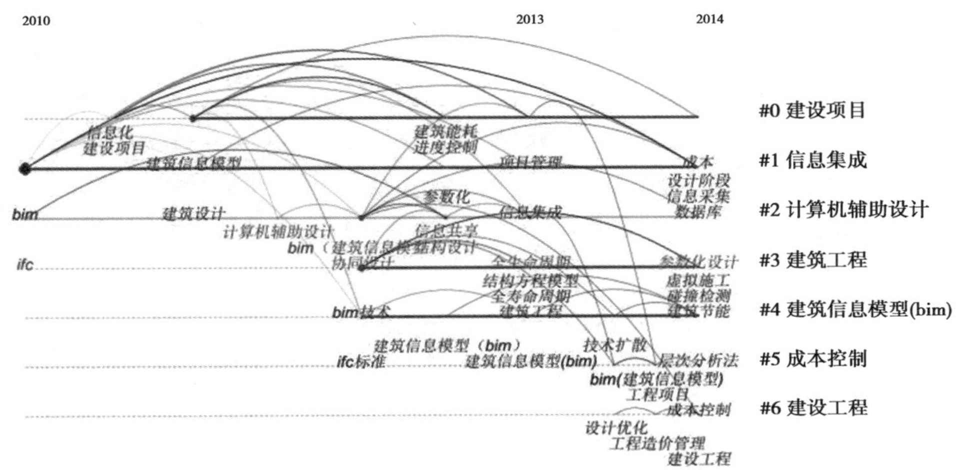

图 7　CNKI 硕博论文 2010—2014 聚类分析

从图 8 可以看出，在 2015 年关于信息模型、碰撞检测、协同管理、成本控制等研究依然比较火热。在 2015—2016 年，#0，#3，#5 建筑信息模型，#1 装配式建筑，#2效益评价，#4 应用研究等聚类间存在密集的共被引关系。关于#6 绿色建筑，#7revit，#8 三维设计的研究相对较少，且仅在 2015—2017 年活跃；#9 规则检查研究较少，可作为新兴研究方向。

从图 9 可以看出，CNKI 硕博论文更注重 BIM 模型的应用。该领域的研究前沿集中 BIM 应用、施工模拟、三维建模、综合管廊等方面。

如李康龙[11]运用参数化建模结合二次开发技术进行钢结构节点的三维建模；又如李芊[12]通过将综合管廊 BIM 模型数据、入廊管线 BIM 信息数据、监控监测信息数据和管廊周围信息等数据集成于一体，利用物联网技术，搭建以 BIM 为核心的协同管理平台，进而解决综合管廊在后期运营管理中存在的问题。

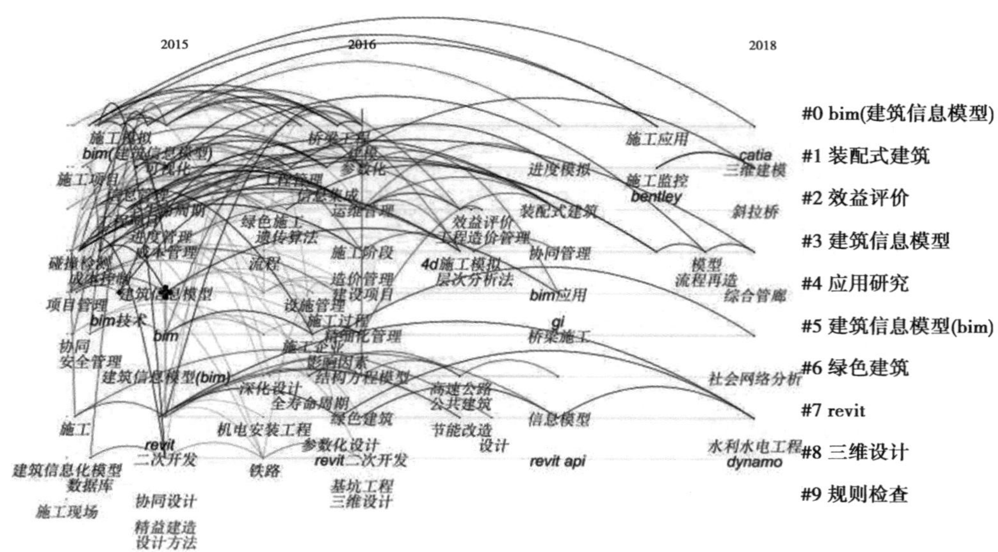

图 8　CNKI 硕博论文 2015—2018 聚类分析

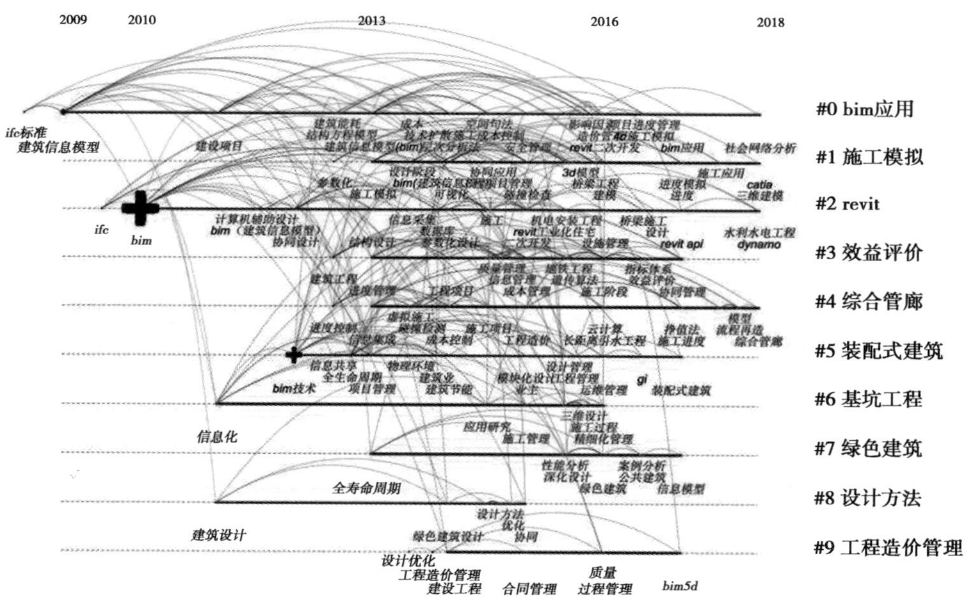

图 9　CNKI 硕博论文 1996—2018 聚类分析

4　结　语

本文基于 CiteSpace 软件综合运用定性描述和定量分析的方法将 CNKI 数据库上检索得到的 BIM 文献,从研究热点、演进历程及发展趋势等方面对我国 BIM 研

究进行了全面分析。通过对核心期刊和硕博论文的综合可视化分析,本文得出以下结论:

(1)研究热点

CNKI 核心期刊对 BIM 研究的热点集中在信息化、绿色建筑、可视化方面;我国硕博论文中对 BIM 研究热点集中在项目管理、成本控制、二次开发、协同设计等领域。

(2)研究前沿

核心期刊今后的研究趋势主要集中在综述、运维管理、三维可视化方面;硕博论文研究前沿主要集中在 BIM 应用、施工模拟、三维建模、综合管廊方面。

(3)研究突破点

机电管线、协同平台、规则检查等领域的研究较少,可作为未来研究的突破方向。

(4)综合分析

结合核心期刊和硕博论文分析,可看出我国学术界和业界对建筑信息模型基础概念的研究保持着稳定的热度;对 BIM 的研究主要集中在运维管理方面;在工程实际应用上主要集中在设计和施工模拟方面;此外 BIM 信息化、可视化将继续发展,BIM 与现代信息技术的集成和在实际工程的应用将进一步被研究。

参考文献

[1] FOREST P, TIMO H, RENATE F, et al. Teaching construction project management with BIM support:Experience and lessons learned[J].Automation in Construction,2010,20(2):28-30.

[2] United States National Building Information Modeling Standard, vision 3,2015,National Institute of Buiding Sciences [DB/OL].http://www.nationalbimstandard.org/.

[3] Ruo Y J, Patrick X W, et al. A science mapping approach based review of construction safety research[J].Safety Science,2019(113):285-297.

[4] LUTZ B.Alternative metrics in scientometrics:a meta-analysis of research into three altmetrics[J]. Scientometrics,2015,103(3).

[5] M AUSLOOS. A scientometrics law about co-authors and their ranking:the co-author core[J]. Scientometrics,2013,95(3):38-40.

[6] 赵钦,田庆,刘云贺,等.绿色建筑评价新标准下 BIM 技术在施工管理中的应用研究[J].西安理工大学学报,2017,33(2):211-219.

[7] 齐宝库,李长福.基于 BIM 的装配式建筑全生命周期管理问题研究[J].施工技术,2014,43(15):25-29.

[8] 张璇.BIM 技术在绿色建筑全生命周期中的应用研究[D].大庆:东北石油大学,2018.

[9] 尹亚辉.BIM 技术在项目全生命周期的应用研究[D].北京:北京建筑大学,2015.

[10] 施庆伟,庞永师,蒋雨含.基于系统动力学和 BIM 的建筑施工安全风险预警决策模型仿真[J].土木工程与管理学报,2016,33(2):83-89.

[11] 李康龙.BIM 技术在钢结构节点设计中的二次开发研究及应用[D].衡阳:南华大学,2016.

[12] 李芊,许高强,韦海民.基于 BIM 的综合管廊运维管理系统研究[J].地下空间与工程学报,2018,14(2),287-292.

收稿日期:2019 年 8 月 3 日。

基金项目:(1)教育部人文社科,建设项目全生命周期视角下的建筑垃圾管理策略研究 17YJCZH191;

(2)深圳市孔雀高层次人才项目,智慧城市背景下基于工业化和信息化的建筑可持续理论与应用研究,000376。

作者简介:吴泽洲,男,1988 年生,山东临沂人,深圳大学土木与交通工程学院建设管理与房地产系助理教授,主要研究方向:建筑信息化、建筑可持续、智慧城市。

陈长轰,男,1996 年生,湖北汉川人,深圳大学土木与交通工程学院建设管理与房地产系硕士研究生,主要研究方向:建筑信息化。

蔡裕珠,女,1997 年生,广东揭阳人,深圳大学土木与交通工程学院建设管理与房地产系本科生,主要研究方向:建筑信息化。

前沿文章推介《基于政府补贴视角的BIM技术采纳行为形成机理机制探究》

袁红平[1],杨　宇[2]

(1.广州大学 工商管理学院,广州 510006;2.西南交通大学 经济管理学院,成都 610001)

摘　要:虽然BIM技术的应用与推广已经逐渐得到政府和建筑企业的广泛关注和重视,但是行业实践表明BIM技术在我国建筑行业实际的应用与推广并不理想。政府补贴作为扶持产业发展的一种强有力调控手段,是推动BIM技术实践应用落地的重要途径之一。基于行为博弈理论,本文通过构建理论模型分析了政府补贴背景下建筑企业BIM技术采纳行为的决策过程,并借助算例分析进一步探究了BIM技术采纳行为的形成机理。研究发现:①采纳效率和采纳动机是影响建筑企业BIM技术采纳行为决策的两个关键因素;②政府补贴通过提升建筑企业的采纳效率,提前建筑企业BIM技术的采纳时间促进并加速了BIM技术采纳行为的形成;③对于具有不同BIM技术采纳效率与采纳动机的建筑企业,政府应当实施差异化的补贴政策,并且政府的补贴力度并不是越大越好,它存在一个理论上界。

关键词:BIM技术;政府补贴;采纳行为

中图分类号:F273.1　　　　**文献标识码**:A

Investigation on Mechanism of BIM Adoption Behavior in a Government Subsidy Context

YUAN Hongping[1], YANG Yu[2]

(School of Management, Guangzhou University, Guangzhou, 510006;

School of Economics and Management, Southwest Jiaotong University, Chengdu 610031)

Abstract: Although the implementation and promotion of BIM has been increasingly valued by governments and construction sectors, industrial practices indicate that the implementation and diffusion of BIM is still undesirable. As a powerful driver to support industrial development, government subsidy is one of the critical ways to promote practical BIM adoption and implementation. Based on behavioral game theory, this paper proposes a theoretical model to analyze the decision course of individual AEC firm's BIM adoption behavior in a government subsidy context, and then investigates the formation mechanism of BIM adoption behavior by numerical analyses. Results show that: ①BIM adoption efficiency and adoption incentives are two critical factors in AEC firm's BIM adoption decisions. ②Government subsidy promotes the formation of BIM adoption behavior by improving AEC firms' adoption efficiency and by bringing forward AEC firm's joining time of BIM adoption. ③For AEC firms with different BIM adoption efficiency and incentives, government should implement differentially strategies in BIM subsidizing. Meanwhile, there exists a theoretical upper boundry of government subsidy, which means it not follows the low of "the more, the better".

Key words: Building information model; Government subsidies; Adopting behavior

1 研究背景

虽然 BIM 技术的应用与推广已经逐渐得到各地政府和业界的广泛关注和重视,但是行业实践表明 BIM 技术在我国建筑行业实际的应用与推广并不理想。在 Doge & Data Analytics[1] 于 2015 年发布的《中国 BIM 应用价值研究报告》中一项针对建筑企业的调查显示,建筑企业普遍认为 BIM 技术采纳前期需要有人力、财力、物力等大量资源的投入,应用的过程中存在较多的潜在风险和不确定性,这些因素使他们无法准确预判 BIM 技术采纳的投资回报率,从而直接影响了他们对 BIM 技术的采纳意愿和积极性,并进一步阻碍了他们对 BIM 技术的采纳与应用。

从经济学的角度来看,个体建筑企业采纳 BIM 技术的根本目的是提高企业管理效率从而获取更多的收益。然而,BIM 技术采纳行为的实施不仅需要人力、财力、物力等资源的大量投入,还需要对既有的成熟工作流程和管理模式进行改革、整合甚至放弃[2-5]。同时,个体建筑企业采纳行为的实施也意味着建筑企业将作为新成员加入 BIM 技术应用的建筑市场中,而新成员的加入往往会引起市场竞争的加剧,市场竞争的加剧则会进一步影响单个建筑企业 BIM 技术采纳的效率和收益[6]。因此,个体建筑企业通常需要在采纳 BIM 技术后的收益和采纳行为实施所需投入的成本之间进行综合评估与权衡后再进行采纳与否的决策。个体建筑企业的BIM技术采纳行为的形成过程本质上就是建筑企业自身围绕BIM技术采纳开展行为决策的一个过程。在建筑企业BIM技术采纳意愿和积极性不强的背景下,政府若能对采纳BIM技术的潜在建筑企业给予一定补贴减轻其BIM技术采纳应用成本而间接提高BIM技术采纳的收益,或将提高个体建筑企业BIM技术采纳的积极性,从而促进个体建筑企业的BIM技术采纳行为的实施。

综上所述,本文结合BIM技术应用实践将政府补贴纳入研究范畴,运用行为博弈理论建立理论模型对个体建筑企业的BIM技术采纳行为的决策过程进行剖析,探究政府补贴背景下个体建筑企业BIM技术采纳行为的形成机理,以期深化对个体建筑企业BIM技术采纳行为的理解,为建筑企业BIM技术采纳应用决策提供借鉴。

2 理论模型

2.1 模型假设

结合BIM技术在当前建筑市场中的应用实践,本文主要考虑包含政府(设为G)和两个BIM技术采纳与应用潜在建筑企业(设为i和j)的建筑市场,重点讨论分析建筑企业的BIM技术采纳决策行为以及政府的BIM技术补贴策略。在该建筑市场中,政府首先发布实施BIM技术补贴政策的信息;两建筑企业在获取政府补贴政策信号后对是否采纳BIM技术进行自由决策。

采纳BIM技术的建筑企业可利用BIM技术对项目中涉及的物流、资金流、信息流集成化管理提升项目管理效率,从而使其自身从BIM技术采纳中受益,并且满足$u_i^0<u_i^1$,$u_i^2<u_i^3$。同时,选择采纳BIM技术的建筑企业需要在软硬件采购、人员培训、管理流程更改等方面投入相应的采纳成本,记为C。进一步,本文将该采纳成本视为沉没成本并且假设该采纳成本是采纳时间的减函数。即随着BIM技术本身不断升级更迭,企业BIM技术应用经验的不断积累,企业整体的BIM技术采纳成本逐渐降低,并且满足$C_i(t_i)=c_i^0e^{-\lambda_i t_i}$。

此外,对于决定采纳的建筑企业还需要在此基础上自行决策成为BIM技术的先行采纳者或后行采纳者。因为先行采纳或后行采纳的决策将会改变该建筑市场的原有平衡状态:先行采纳BIM技术的建筑企业会优先获益并获得更多的市场份额,导致另一企业的效用受到影响,因此$u_i^2<u_i^0$。

一方面,政府补贴为一次性财政补贴,补贴资金以补贴系数 β_i 的形式直接抵扣建筑企业的 BIM 技术采纳成本。因此,建筑企业 BIM 技术采纳的净成本可以表示为:$NC_i(t_i)=(1-\beta_i)c_i^0e^{-\lambda_i t_i}$。另一方面,响应政府补贴政策采纳 BIM 技术的建筑企业会为政府带来一定的外部效用(如良好政企合作的口碑与声誉等),记为 w。作为扮演公益性角色的一方,政府将财政补贴支出 s、两建筑企业的采纳净收益($\prod_i$ 和 $\prod_j$)以及 BIM 技术采纳企业的外部效益 W 的总和作为其收益。

以上假设均以建筑企业 i 为例,建筑企业 j 类似,所涉及的主要参数的具体含义见表 1。

表 1　参数说明

参数	含义
$u_i^0(u_j^0)$	在没有任何建筑企业采纳 BIM 技术的情况下,建筑企业 $i(j)$ 的效用
$u_i^1(u_j^1)$	在仅有建筑企业 $i(j)$ 采纳 BIM 技术的情况下,建筑企业 $i(j)$ 的效用
$u_i^2(u_j^2)$	在仅有建筑企业 $j(i)$ 采纳 BIM 技术的情况下,建筑企业 $i(j)$ 的效用
$u_i^3(u_j^3)$	在建筑企业 $i(j)$ 都采纳 BIM 技术的情况下,建筑企业 $i(j)$ 的效用
$t_i(t_j)$	建筑企业 $i(j)$ 采纳 BIM 技术的时间点
$t_i^l(t_j^l)$	建筑企业 $i(j)$ 作为 BIM 技术先行采纳者的最优采纳时间点
$t_i^f(t_j^f)$	建筑企业 $i(j)$ 作为 BIM 技术后行采纳者的最优采纳时间点
$t_{0i}(t_{0j})$	建筑企业 $j(i)$ BIM 技术采纳对建筑企业 $i(j)$ 为无差异的采纳时间点
$C_i(t)(C_j(t))$	建筑企业 $i(j)$ 在时间点 t 的 BIM 技术采纳成本
$c_i^0(c_j^0)$	建筑企业 $i(j)$ 在 BIM 技术采纳初试时刻(即 $t_i=0$ 或 $t_j=0$)的采纳成本
$\lambda_i(\lambda_j)$	建筑企业 $i(j)$ BIM 技术采纳应用后生产成本下降率
γ	建筑市场的平均资金成本率
$\beta_i(\beta_j)$	政府对为推广 BIM 技术为建筑企业 $i(j)$ 所提供的补贴
$w_i(w_j)$	建筑企业 $i(j)$ 采纳应用 BIM 技术所产生的社会效用

2.2　模型构建

根据上述模型假设及变量设定,可构建建筑企业 i/j 各自作为 BIM 技术先行采纳者和后行采纳者的效用分布及收益函数。

(1)对建筑企业 i 而言

①作为 BIM 技术先行采纳者其效用分布如图 1(a)所示。

此时,建筑企业 i 的收益函数可以表示为:

$$\prod_i(t_i,t_j)=L_i(t_i,t_j)=\int_0^{t_i}u_i^0e^{-\gamma t}\mathrm{d}t+\int_{t_i}^{t_j}u_i^1e^{-\gamma t}\mathrm{d}t+\int_{t_j}^{\infty}u_i^3e^{-\gamma t}\mathrm{d}t-(1-\beta_i)c_i^0e^{-\lambda_it_i} \tag{1}$$

②作为 BIM 技术后行采纳者其效用分布如图 1(b)所示。

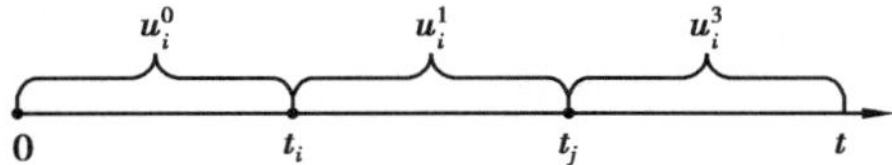

(a)建筑企业 i 为 BIM 技术先行采纳者的效用分布

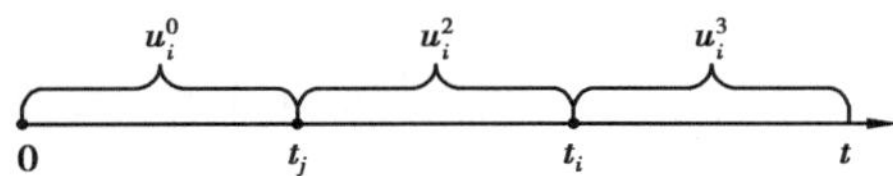

(b)建筑企业 i 为 BIM 技术后行采纳者的效用分布

图 1

此时,建筑企业 i 的收益函数可以表示为:

$$\prod_i(t_i,t_j)=F_i(t_i,t_j)=\int_0^{t_i}u_i^0e^{-\gamma t}\mathrm{d}t+\int_{t_i}^{t_j}u_i^1e^{-\gamma t}\mathrm{d}t+\int_{t_j}^{\infty}u_i^3e^{-\gamma t}\mathrm{d}t-(1-\beta_i)c_i^0e^{-\lambda_it_i} \tag{2}$$

(2)对建筑企业 j 而言

①作为 BIM 技术先行采纳者效用分布如图 2(a)所示。

此时,建筑企业 j 的收益函数可以表示为:

$$\prod_j(t_i,t_j)=L_j(t_i,t_j)=\int_0^{t_j}u_j^0e^{-\gamma t}\mathrm{d}t+\int_{t_j}^{t_i}u_j^1e^{-\gamma t}\mathrm{d}t+\int_{t_i}^{\infty}u_j^3e^{-\gamma t}\mathrm{d}t-(1-\beta_j)c_j^0e^{-\lambda_jt_j} \tag{3}$$

②作为 BIM 技术后行采纳者效用分布如图 2(b)所示。

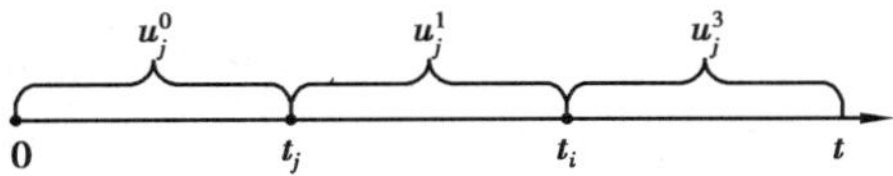

(a)建筑企业 j 为 BIM 技术先行采纳者的效用分布

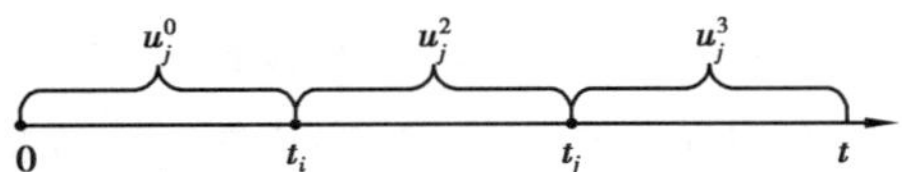

(b)建筑企业 j 为 BIM 技术后行采纳者的效用分布

图 2

此时,建筑企业 j 的收益函数可以表示为

$$\prod_{j}(t_i,t_j)=F_j(t_i,t_j)=\int_0^{t_i}u_j^0e^{-\gamma t}\mathrm{d}t+\int_{t_i}^{t_j}u_j^2e^{-\gamma t}\mathrm{d}t+\int_{t_j}^{\infty}u_j^3e^{-\gamma t}\mathrm{d}t-(1-\beta_j)c_j^0e^{-\lambda_jt_j} \tag{4}$$

(3)建筑企业 i 和 j 采纳 BIM 技术产生的社会效益可表示为

$$W(t_i,t_j)=\int_{t_i}^{\infty}w_ie^{-\gamma t}\mathrm{d}t+\int_{t_j}^{\infty}w_je^{-\gamma t}\mathrm{d}t \tag{5}$$

(4)政府补贴政策的成本可表示为

$$S(t_i,t_j)=\beta_ic_i^0e^{-\lambda_it_i}+\beta_jc_j^0e^{-\lambda_jt_j} \tag{6}$$

(5)政府补贴政策的总体收益可表示为

$$\prod_{G}(t_i,t_j)=\prod_{i}(t_i,t_j)+\prod_{j}(t_i,t_j)+W(t_i,t_j)-S(t_i,t_j) \tag{7}$$

2.3 模型求解

对于单个建筑企业而言,BIM 技术采纳的决策问题实质上为两个连续的决策过程:一是采纳与否[即(采纳,不采纳)];二是如果企业选择采纳 BIM 技术,那么应何时采纳。根据西方经济学中的“有限理性”的相关观点[7],是否采纳这一决策过程可以归结于采纳是否有效。当采纳 BIM 技术所带来的收益超过采纳所需投入的成本时,个体建筑企业则具有一定的内生驱动力实施 BIM 技术采纳的行为。反之,个体建筑企业则不会轻易实施该采纳行为。基于此,本文对 BIM 技术采纳是否有效这一评判标准定义为 BIM 技术采纳效率。基于上述分析并结合研究假设,本文对个体建筑企业 BIM 技术采纳效率的数学定义表达如下:

先行采纳者的采纳效率表示为 $E_{i/j}^l=(u_{i/j}^1-u_{i/j}^0)/[-NC'_{i/j}(0)]$

后行采纳者的采纳效率表示为 $E_{i/j}^f=(u_{i/j}^3-u_{i/j}^2)/[-NC'_{i/j}(0)]$

另一方面,因为在决定采纳 BIM 技术的基础上企业可自行决策成为 BIM 技术的先行采纳者或后行采纳。先行采纳在一定程度上会使企业率先获得更多的市场份额,但同时也可能会承担因技术不成熟所带来的风险或是相对较高的技术引入成本;而后行采纳则会因为技术不断成熟而付出较低的技术引入成本,但同时也可能会因采纳滞后损失早期的市场份额而形成一定的机会成本,因此,何时采纳这一决策过程可归结于个体建筑企业采纳 BIM 技术的主动性。同样,基于经济学中“激励相容”的观点[7],只有当作为先行采纳者所带来的效用增量大于作为后行采纳者所带来的效用增量时,个体建筑企业才会具有积极正面的先行采纳行为意向并主动采纳 BIM 技术。反之,个体建筑企业则不具有先行采纳的行为动机。基于此,本文对采纳的主动性定义为采纳动机。结合研究假设,本文对个体建筑企业

BIM 技术采纳动机的数学定义表达如下：

主动采纳动机表示为 $u_i^1-u_i^0-(u_i^3-u_i^2)>0$

被动采纳动机表示为 $u_i^1-u_i^0-(u_i^3-u_i^2)<0$

根据式(1)和式(2)分别对 t_i 求一阶导数，并令其为 0，分别可得 t_i^l 和 t_i^f。即：

$$\frac{\partial[L_i(t_i,t_j)]}{\partial t_i}=(u_i^0-u_i^1)e^{-\gamma t_i}+\lambda_i(1-\beta_i)c_i^0e^{-\lambda_i t_i}=0 \tag{0-1}$$

$$\frac{\partial[F_i(t_i,t_j)]}{\partial t_i}=(u_i^2-u_i^3)e^{-\gamma t_i}+\lambda_i(1-\beta_i)c_i^0e^{-\lambda_i t_i}=0 \tag{0-2}$$

解之，可得：

$$t_i^l=\frac{1}{\lambda_i-\gamma}\ln\frac{\lambda_i(1-\beta_i)c_i^0}{u_i^1-u_i^0} \tag{0-3}$$

$$t_i^l=\frac{1}{\lambda_i-\gamma}\ln\frac{\lambda_i(1-\beta_i)c_i^0}{u_i^1-u_i^0} \tag{0-4}$$

同理，可得

$$t_j^l=\frac{1}{\lambda_j-\gamma}\ln\frac{\lambda_j(1-\beta_j)c_j^0}{u_j^1-u_j^0} \tag{0-5}$$

$$t_j^f=\frac{1}{\lambda_j-\gamma}\ln\frac{\lambda_j(1-\beta_j)c_j^0}{u_j^3-u_j^2} \tag{0-6}$$

3 算例分析

本节借助算例分析方法进一步研究政府补贴背景下个体建筑企业 BIM 技术采纳行为的形成机理。

3.1 政府补贴对 BIM 技术采纳时机的影响

以建筑企业 i 为例，由最优采纳时机 $t_i^l=1/[\lambda_i-\gamma]\ln[\lambda_i(1-\beta_i)c_i^0/(u_i^1-u_i^0)]$；$t_i^f=1/[\lambda_i-\gamma]\ln[\lambda_i(1-\beta_i)c_i^0/(u_i^3-u_i^2)]$ 可知，建筑企业 i 的 BIM 技术最优采纳时间与多个参数有关。本文通过数值算例来分析不同补贴水平对个体建筑企业 BIM 技术最优采纳时机的影响。各参数设置情况如下：$u_i^1=500$，$u_i^0=400$，$u_i^3=450$，$u_i^2=380$，$\lambda_i=0.2$，$\gamma=0.1$，$c_i^0=1\ 000$。

由图 3 可知，对于同一建筑企业而言，随着政府补贴水平逐渐提高，该建筑企业 BIM 技术的最优采纳时机逐渐提前。这表明，政府补贴可有效激发建筑企业的采纳主动性并形成正向的 BIM 技术采纳动机，促使原本 BIM 技术采纳相对滞后的建筑企业在更早的时间选择采纳 BIM 技术。

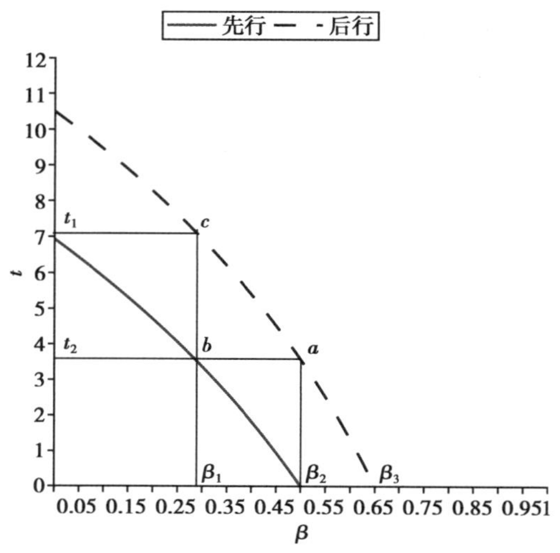

图 3　不同 β 对 t 的影响

与此同时，对于不同的建筑企业，同一补贴水平下先行采纳者的采纳介入时间要早于后行采纳者的介入时间。这表明同样的补贴水平对不同采纳特征的建筑企业的激励效果并不相同。因此，在 BIM 技术补贴的财政预算有限的情况下，政府可实施分阶段的补贴政策：即优先补贴能在未来相对较短的时间内采纳应用 BIM 技术的建筑企业并对其加以重点培养，发挥其在 BIM 技术应用方面的先发优势从而形成行业示范效应；而对于即使受到政府直接补贴但在短时间内仍然无法采纳 BIM 技术的建筑企业，政府则应当暂时不给予其补贴支持，待到其具备一定 BIM 技术应用实力之后再给予适当的补贴。因此，实施分阶段的补贴政策不仅可以尽可能地避免公共财政预算的浪费，又可以最大化地发挥政府补贴的支持作用。

3.2　政府补贴对 BIM 技术采纳效率的影响

同样地，以建筑企业 i 为例，由 $E_i^l=(u_i^1-u_i^0)/[\lambda_i c_i^0(1-\beta_i)]$；$E_i^f=(u_i^3-u_i^2)/[\lambda_i c_i^0(1-\beta_i)]$ 可知，建筑企业 i 的 BIM 技术采纳效率与多个参数有关。以下通过数值算例来分析不同补贴水平对建筑企业 BIM 技术采纳效率的影响。各参数设置情况如下：$u_i^1=500$，$u_i^0=400$，$u_i^3=450$，$u_i^2=380$，$\lambda_i=0.2$，$c_i^0=1\ 000$。

由图 4 可知，对于同一建筑企业而言，随着政府补贴水平 β 的增大，建筑企业的 BIM 技术采纳效率逐渐增大。当补贴水平超过某一临界点（β_1 或 β_2）时，无论是 BIM 技术的先行采纳者还是后行采纳者，原本 BIM 技术采纳无效的建筑企业将转变为采纳有效。这表明:政府补贴可以显著提升建筑企业的 BIM 技术采纳效率,使相对更多的建筑企业实施 BIM 技术采纳行为。

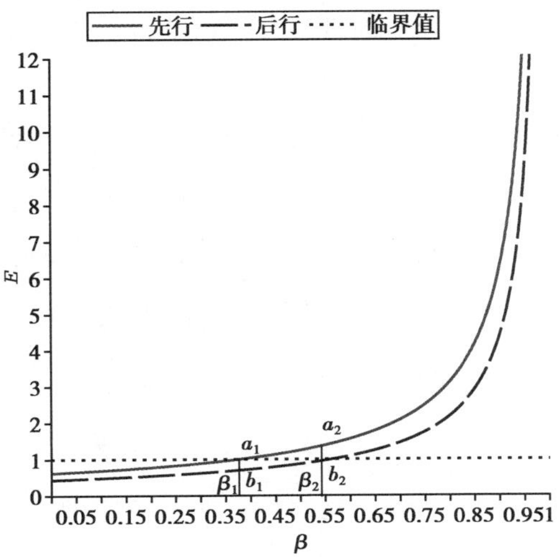

图 4　不同 β 对 E 的影响

进一步地,对于不同建筑企业而言,同一补贴力度下政府补贴对不同建筑企业的 BIM 技术采纳效率的提升并不相同。例如,当 $\beta=0.5$ 时,先行采纳者的采纳效率大于 1,此时先行采纳者为 BIM 技术采纳有效;而后行采纳者的采纳效率小于 1,仍旧为 BIM 技术采纳无效。因此,在 BIM 技术的补贴财政预算有限的情况下,政府可实施分对象的补贴政策:即补贴力度向原本采纳效率较高的建筑企业倾斜,对这部分建筑企业给予更多的资金支持从而释放其在 BIM 技术应用方面的实力优势,助力其成为行业内 BIM 技术应用的"龙头"企业;而对于采纳效率相对较低的建筑企业,政府则应当暂时不将其纳入补贴对象的范围之内,因为即使给予其大力的资金支持,其采纳效率依旧低于其实施采纳行为的临界值,从而无法发挥补贴的真正效用。所以,施行分对象的补贴政策不仅可以促进优势企业的率先崛起,也可以保证政府补贴效用的最大化发挥。

3.3　政府补贴的理论上界

除此之外,由图 4 可知,政府对不同建筑企业的补贴力度存在一个补贴上界。以先行采纳者为例,当政府补贴力度 β 小于 β_1 时,BIM 技术先行采纳者的采纳效率 E 随着补贴力度 β 的增大也在逐渐增大,但一直保持 BIM 技术采纳无效状态;当补贴力度 $\beta=\beta_1$ 时,BIM 技术先行采纳者的采纳效率 E 从无效状态转变为有效状态;当 $\beta>\beta_1$ 时,BIM 技术先行采纳者一直保持 BIM 技术采纳有效状态。作为被补贴的一方，虽然建筑企业希望政府的补贴力度越大越好，从而最大限度地弥补自身 BIM 技术的采纳成本，但是当它们的 BIM 技术采纳效率 $E>1$ 时，就有充分的经济动机去采纳 BIM 技术。另一方面，作为补贴实施的一方，政府则希望用最少的补贴促使更多的建筑企业采纳 BIM 技术，从而有效促进 BIM 技术的推广。因此，除了实施差异化补贴政策以外，政府对建筑企业 BIM 技术采纳的补贴也不是越多越好。结合图 2—4 可知，补贴力度在理论上只需稍大于 β_1 就能使先行采纳 BIM 技术的建筑企业的 BIM 技术采纳状态从无效向有效转变。类似地，对于后行采纳者，政府的补贴力度只需稍大于 β_2 即可发挥四两拨千斤的作用。因此，政府的补贴力度存在一个理论上界 $\bar{\beta}$，并且可知该理论上界 $\bar{\beta}$ 满足：

$$\bar{\beta}=\begin{cases}1-(u_i^1-u_i^0)/(\lambda_i c_i^0)\text{（先行采纳）}\\1-(u_i^3-u_i^2)/(\lambda_i c_i^0)\text{（后行采纳）}\end{cases}。$$

4 结论及展望

4.1 结论

本章依托于行为决策理论，将政府补贴纳入研究范畴，运用博弈论建立 BIM 技术采纳行为决策模型，剖析了个体建筑企业 BIM 技术采纳行为的决策过程，并探究了政府补贴背景下个体建筑企业 BIM 技术采纳行为的形成机理。研究发现：

①BIM 技术的采纳效率与采纳动机是影响个体建筑企业 BIM 技术采纳决策的两个关键因素。

②政府补贴可通过弥补 BIM 技术采纳成本提升建筑企业的采纳效率，使原本 BIM 技术采纳无效的建筑企业转化为 BIM 技术采纳有效，进而促进个体建筑企业 BIM 技术采纳行为的形成。

③同时，政府补贴可通过提前个体建筑企业决定采纳 BIM 技术的时间使得原本处于较晚采纳时间节点的建筑企业更早地实施 BIM 技术采纳行为，从而加速 BIM 技术采纳行为的形成。

④政府补贴对建筑企业 BIM 技术的采纳行为具有引导作用，但对于具有不同 BIM 技术采纳效率与采纳动机的建筑企业，政府应当实施差异化的补贴政策。

⑤政府对建筑企业 BIM 技术采纳的补贴力度并不是越大越好，且政府补贴力度存在一个上界。

4.2 展望

本文未来还可以从以下几个方面进行改进：

①在探讨政府补贴背景下个体建筑企业 BIM 技术采纳行为的形成机理时，本文尚未考虑在信息不对称的情况下建筑企业可能存在为获取政府补贴但不实施 BIM 技术采纳与应用的机会主义行为或是由此产生的道德风险，后续研究可考虑信息不对称下的机会主义行为或道德风险的防范机制设计。

②在进行算例分析时，本文所选取的数值具有一定的局限性，后续可收集 BIM 技术采纳与应用的现实数据对模型进行验证，进一步提高模型的适用性和可信度。

参考文献

[1] Dodge Data & Analytics.中国 BIM 应用价值研究报告[R].Dodge Data & Analytics,2015.

[2] EASTMAN C, TEICHOLZ P, SACKS R, et al. BIM handbook: a guide to building information modeling for owners, managers, designers, engineers and contractors [M]. 2nd ed. New York: Wiley,2008.

[3] OZORHON B, KARAHAN U. Critical success factors of building information modeling implementation[J].Journal of Management in Engineering,2017,33(3):1-10.

[4] XU H, FENG J, LI S. Users-orientated evaluation of building information model in the Chinese construction industry[J].Automation in Construction,2014,39(4):32-46.

[5] 傅家骥.技术创新学[M].北京:清华大学出版社,1998.

[6] 赵奇伟,秦帆,严兵.中国工业企业生产率的动态变化机制:自我驱动、技术扩散与同业竞争[J].经济学动态,2016(10):50-62.

[7] 张维迎.博弈论与信息经济学[M].上海:上海人民出版社,2004.

收稿日期:2020 年 4 月 29 日。

原文发表在 Journal of Construction Engineering and Management ,2020,146(1).

文献信息: Yuan Hongping, Yang, Yu. BIM Adoption under Government Subsidy: Technology Diffusion Perspective[J].Journal of Construction Engineering and Management,2020,146(1):04019089.

作者简介:袁红平,男,教授,博士,主要研究方向:可持续建筑环境、项目管理。E-mail:hpyuan@gzhu.edu.cn;

杨宇,男,硕士研究生,主要研究方向:项目管理,建筑信息化。E-mail:yangyu2017@my.swjtu.edu.cn。

更多服务

ISBN 978-7-5689-2381-1

定价：40.00元